MEHR VOM GELD

Norbert D. Frank ist langjährig erfahrener Unternehmensberater und Experte für Persönlichkeitsentwicklung und private Finanzen. Auf seinem Blog und in seinen Publikationen bringt er das Wissen dieser Bereiche zusammen:

> „Es gibt dutzende Bücher über Zeitmanagement, Todo-Organisation und Aufgabenmanagement. Es gibt aber nahezu keine Hilfestellungen für die einfache Organisation der eigenen Finanzen. Falsche Emotionen und eine fehlende Struktur sind keine gute Ausgangslage für finanziellen Erfolg.
> Meine Mission ist es, praxistaugliche Informationen und Softwarelösungen zu schaffen, die meine Nutzer und Leser erfolgreicher und effektiver machen".

Norbert D. Frank ist verheiratet und lebt in Düsseldorf.

Norbert D. Frank

MEHR VOM GELD

Finanzielle Ziele Erreichen Durch Erfolgreiches Geldmanagement Im Alltag

Kontakt: business@erfolg-mit-geld.de
Webseite: www.erfolg-mit-geld.de

1. Auflage 2012

Redaktionelle Verarbeitung und Publizierung:
Norbert D. Frank
Düsselkämpchen 12, 40239 Düsseldorf
Illustrationen von Magdalena Bardzinska-Frank
Buchsatz & Cover: Norbert D. Frank
CreateSpace Independent Publishing Platform
Printed in Germany by Amazon Distribution GmbH, Leipzig

ISBN-13: 978-1480112599
ISBN-10: 1480112593

Bibliografische Information der Deutschen Nationalbibliothek:
Die Deutsche Nationalbibliothek verzeichnet diese Publikation in der Deutschen Nationalbibliografie. Detaillierte Daten über diese Publikation sind über die Webseite http://dnb.de einsehbar.

Sie müssen persönliche Verantwortung übernehmen. Sie können die Umstände, die Jahreszeiten oder den Wind nicht ändern, aber Sie können sich selbst ändern. Darüber haben Sie die Kontrolle.

Jim Rohn

INHALT

BEVOR ES LOSGEHT

Herzlichen Glückwunsch zum Erwerb dieses Buches! Sie ergreifen die Initiative und möchten sich intensiver mit Ihrem Geld auseinandersetzen. Das freut mich sehr, denn viel zu wenige Menschen befassen sich ausreichend mit dem Thema Geld und der eigenen finanziellen Situation.

Für erschreckend viele Personen führt dies zu hoher Verschuldung und damit zum Verlust von Freiheit und Lebensqualität. Aber selbst wenn wir nicht in die Schuldenfalle tappen, so ist es doch verdammt schwer, das eigene Geld beisammen zu halten und sinnvoll damit umzugehen. Die Finanzwelt ist komplex und nutzt jedes Unwissen von Kunden und Verbrauchern aus. Die Vielzahl von Zahlungsmitteln, Versicherungen, Anlageformen und Vorsorgeprodukten macht es schwer, den Überblick zu behalten und gute Entscheidungen zu treffen. Verlieren wir den Überblick, ist dies immer zu unserem finanziellen Schaden, denn die Finanzindustrie möchte vor allem eins: an uns verdienen!

Dabei kann es auch anders sein. Die gute Nachricht ist, dass Sie Ihr Geld souverän und vor allem einfach kontrollieren können und dabei nicht zum Experten für Finanzmathematik und Steuerrecht werden müssen. Es sind einfache Regeln, die bei regelmäßiger Anwendung langfristig den größten Erfolg bringen. Das ist auch in anderen Bereichen so und dort ist es offensichtlich. Wenn wir auf fettiges Essen verzichten und ausreichend Sport treiben, leben wir natürlich gesünder, als wenn wir uns mit Fastfood ernähren und kaum bewegen. Zum Thema Geld gibt es ebenso einfache Regeln, aber der Zusammenhang ist nicht so deutlich erkennbar.

Die meisten Zeitschriften und Bücher zum Thema Geld verkomplizieren es unnötig und sind für Menschen geschrieben, die schon ein grundsätzliches Interesse an dem Thema mitbringen. Auf unseren Alltag und den richtigen Umgang mit Geld gehen sie nicht ein. Dieses Buch füllt diese Lücke. Sie benötigen kein Vorwissen, sondern lediglich die Absicht, etwas verändern zu wollen. Sie werden hier einfache und alltagstaugliche Regeln und viele Tipps und Hinweise finden, die Ihnen eine erfolgreiche Umsetzung garantieren.

Ich befasse mich seit vielen Jahren mit den Themen Geld, Finanzen und Vermögensaufbau. Dabei habe ich wohlhabende und weniger wohlhabende Leute kennen gelernt und untersucht, was sie unterscheidet. Dabei konnte ich beobachten, dass der größte Unterschied zwischen diesen beiden Gruppen im täglichen Umgang mit dem Geld liegt.

Unabhängig von der Höhe des Einkommens gibt es diejenigen, die ihr Geld nicht unter Kontrolle haben und es gedankenlos ausgeben. Die Statistik zeigt, dass die meisten Lottomillionäre nach kurzer Zeit ihr gewonnenes Vermögen wieder verloren haben, weil sie den Umgang mit Geld nicht gelernt haben.

Am anderen Ende der Skala stehen diejenigen, die jeden Cent sparen und knausern und ihr Geld horten. So kommt man zwar zu Vermögen, kann sein Geld aber nicht genießen. Dieser Personenkreis kommt zwar zu Vermögen, kann aber das Geld nicht genießen. Auch dieses Verhalten ist nicht erstrebenswert.

Und dann gibt es diejenigen, die eine Balance gefunden haben. Diese Personen schaffen es, ihr Geld im Alltag zu kontrollieren. Sie geben nicht zu viel aus, genießen aber die Ausgaben, für die sie sich entscheiden. Sie haben klar formulierte finanzielle Ziele und verfolgen diese konsequent. Diese Personengruppe gelangt zu wahrem Wohlstand. Sie befasst sich mit Geld, wird aber nicht davon beherrscht.

Was machen diese Personen also anders? Die Antwort ist einfach: sie wissen, was sie mit ihrem Geld anfangen wollen, treffen Entscheidungen und handeln danach. Wie Sie das auch ohne Mühe erreichen, zeige ich Ihnen in diesem Buch. Neben dem starken Fokus auf die Praxis und den Alltag, werde ich aber auch auf das Thema Einstellung und Emotionen in Bezug auf Geld eingehen, denn dies ist für einen erfolgreichen Umgang mit Geld ebenso wichtig.

In unserer Gesellschaft wird nicht gerne über Geld geredet und es wird dem Geld viel Schlechtes nachgesagt. Das übernehmen wir ganz unbewusst in unsere Einstellung, was langfristig fatale Folgen haben kann. **Denn Geld ist erst mal nur ein universelles Tauschmittel.** Geld repräsentiert einen Wert.

Wenn Sie der Gesellschaft einen Wert geben – durch Ihre Arbeit zum Beispiel – erhalten Sie dafür Geld. Dieses Geld können Sie später wieder in einen Wert umtauschen – zum Beispiel, indem Sie dafür etwas kaufen. Geld ist daher weder gut noch schlecht. Es liegt in unserer Macht zu entscheiden, was wir damit machen. Sicherlich führt Geld allein nicht zu einem erfüllten Leben, aber das Lebensglück ist mit ausreichend Geld wesentlich leichter erreichbar.

Über dieses Buch

In diesem Buch zeige ich Ihnen, wie Sie das Geld in Ihrem täglichen Leben einfach und unkompliziert kontrollieren können. Sie finden in diesem Buch keine komplizierte Fachsprache und Sie benötigen keine besonderen Kenntnisse. Alles basiert auf einfachen Schritten. Lassen Sie sich von der Einfachheit aber nicht täuschen. Gerade wegen ihrer Einfachheit haben diese Schritte das Potenzial, Ihr Leben sehr positiv zu verändern. Allerdings auch nur dann, wenn Sie sie wirklich umsetzen und anwenden.

Das Geld zu kontrollieren heißt nicht, dass Sie in Zukunft eisern sparen müssen. Aber Menschen, die ihre Finanzen kontrollieren, sparen schon ganz automatisch durch die einfache Minimierung unnötiger Ausgaben. Und darüber hinaus haben sie die Möglichkeit ganz genau festzulegen, was sie mit Ihrem Geld anfangen möchten.

Es wäre daher unseriös, wenn ich Ihnen eine fixe Summe versprechen würde, die Sie einsparen können. Aber ich verspreche Ihnen, dass Sie Ihre

Einstellung zu Ihrem Geld stark verbessern und in Zukunft viel bewusster damit umgehen werden. Sie können dann ganz wohldurchdacht entscheiden, wofür Sie Ihr Geld verwenden. Es wird Ihnen viel leichter fallen, einen bestimmten unnötigen Anteil zu sparen und einen anderen sinnvoll auszugeben.

Wir müssen im Leben eine Balance zwischen dem Leben im Augenblick und der Vorsorge für die Zukunft finden. Ein Dagobert Duck zu werden, der unermessliche Reichtümer besitzt, aber niemals etwas daraus macht, ist das eine Extrem. Das andere Extrem ist Donald Duck, dem das Geld immer sofort wie Sand durch die Finger rinnt und der ständig Geldsorgen hat.

Viele Menschen verbringen viel Zeit und Energie damit, über das fehlende Geld nachzudenken, sich zu beklagen und Sorgen zu machen. Diese Energie wäre besser in Anstrengungen der Art investiert, die eigenen Einnahmen und Ausgaben besser zu verstehen. Nur wer den Geldfluss im eigenen Leben kontrolliert, kann es finanziell zu etwas bringen.

Eine Warnung möchte ich an dieser Stelle aussprechen: Sie werden vielleicht an der einen oder anderen Stelle anderer Meinung sein als ich. Vielleicht ist Ihre erste Reaktion *„Das ist ja völlig übertrieben"* oder in anderer Weise ablehnend. Legen Sie dann bitte das Buch nicht enttäuscht zur Seite. Erkennen Sie Ihre Reaktion als Chance, dass Sie sich besser kennen lernen. Überlegen Sie dann: „Warum denke ich so? Warum bin ich anderer Meinung?" Lehnen Sie neue Vorschläge nicht gleich ab. Sie wollen ja etwas verändern. Und Veränderung bedeutet erst einmal, dass man Anstrengungen und Disziplin aufbringen muss, bevor man Erfolge erzielt.

Stellen Sie sich vor, Sie würden Ihr Leben lang Ihre Zähne kaum putzen und niemand hätte Ihnen das je beigebracht. Ihnen wäre bewusst, dass das zwar ab und zu ganz sinnvoll wäre, aber solange Sie keine Zahnschmerzen zu beklagen hätten, würden Sie dieses Thema immer wieder ganz schnell vergessen. Auch Ihre Freunde und Bekannten würden das so sehen. Und dann käme jemand und würde Ihnen sagen, dass Sie JEDEN Tag mindestens zwei Mal für mindestens zwei Minuten Ihre Zähne putzen müssen, um gesunde Zähne zu behalten! Wie würden Sie reagieren? Sie würden vielleicht denken: „Ein bisschen öfter als bisher zu putzen mag ja sinnvoll sein. Aber jeden Tag gleich mehrmals! Das ist doch völlig übertrieben!"

Nun ist Ihnen das Zähneputzen morgens und abends seit der Kindheit beigebracht worden und gehört für Sie inzwischen ganz natürlich zu Ihrem täglichen Prozedere. Sie werden also nicht so denken oder reagieren wie oben beschrieben, sondern ganz selbstverständlich die Zähne putzen und sich wahrscheinlich unwohl fühlen, wenn Sie dies nicht tun. Trotzdem ist dies eventuell keine Tätigkeit, die Sie lieben.

Beim Geld können Sie diesen Umstand auch erreichen. Der Unterschied liegt hierbei darin, dass Ihnen der sinnvolle Umgang mit Geld vermutlich nicht so konsequent beigebracht wurde. Ganz im Gegenteil. Für die Meisten von uns ist die erste Erfahrung mit Geld, dass wir uns damit Wünsche erfüllen können. Wenn wir Geld haben, dann können wir uns etwas kaufen. Und so handeln wir dann das ganze Leben lang. Immer wenn wir Geld haben, kaufen wir uns etwas. Die Werbung und Finanzwelt bestärkt uns in dem Glauben, dass wir alles sofort und jederzeit haben können. Aber das ist ein fataler Irrtum. Mit diesem Handeln werden wir niemals frei leben können, geschweige denn Wohlstand aufbauen. So wie das Zähneputzen eine sehr sinnvolle tägliche Angewohnheit ist, gibt es auch zum Thema Geld sehr sinnvolle Gewohnheiten, die wir verinnerlichen sollten.

Und noch ein Hinweis: Dieses Buch ist kein Konkurrenzprodukt zu Softwareprogrammen für die Finanzplanung und Haushaltsbuchführung. Wenn Sie bereits eine Software dafür nutzen, können Sie diese gerne weiternutzen. Oder Sie nutzen die mitgelieferten Mehr-vom-Geld-Tools. Sie können auch ganz auf die Computernutzung verzichten und mit Papier arbeiten, wenn Ihnen das besser liegt. Der Schwerpunkt dieses Buches liegt definitiv nicht auf einer Software, sondern auf der richtigen Anwendung von Software oder Stift und Papier, um den Überblick über Ihr Geld zu behalten. Die Software ist nur ein nützliches Werkzeug zum eigentlichen Ziel.

Zu diesem Buch gehört ein Workbook. Dieses Workbook ist ganz wesentlich. Sie können mit den Inhalten des Buches nur etwas erreichen, wenn Sie aktiv werden. Sehen Sie es als Teilnahme an einem Seminar an. Das Workbook gehört zu Ihren Seminarunterlagen und ist für Ihre Aufgaben vorgesehen. Im ganzen Buch finden Sie immer wieder Stellen, an denen ich

Sie auffordere, sich Gedanken zu machen oder Dinge zu notieren. Natürlich können Sie so vorgehen, dass Sie erst das ganze Buch lesen und dann an die Umsetzung gehen. Wichtig ist, dass Sie damit beginnen.

Drucken Sie sich das Workbook aus und halten Sie es beim Lesen bereit. Alternativ können Sie natürlich auch gerne ein schönes Notizbuch nehmen. Das Workbook ist bewusst nicht in das Buch integriert, damit Sie die inhaltliche Beschreibung (Buch) und die eigene Umsetzung (Workbook) nicht vermischen.

Und ein letzter Hinweis: Vergessen Sie während des Lernprozesses nicht den Spaß an der Sache. Ja, Finanzen können Spaß bringen! Wenn wir erkennen, was wir damit alles erreichen können, dann kommt der Spaß mitsamt einem neuen Selbstbewusstsein und einem guten Gefühl, das Richtige zu tun. Sich mit Geld zu befassen macht Sie nicht zu einer langweiligen Person, sondern ganz im Gegenteil: Sie gehören zu der kleinen Gruppe, die Selbstverantwortung übernimmt und damit den Grundstein für Erfolg legt.

Wenn Sie möchten, suchen Sie nach einem finanziell erfolgreichen Vorbild für sich. Jemanden, den Sie bewundern und der Sie motiviert. Überlegen Sie, wie diese Person in Ihrer Situation handeln würde. Ich bin überzeugt davon, dass wir alle mit ausreichendem Leistungswillen und Zielstrebigkeit unsere finanziellen Ziele erreichen können. Äußere Umstände beeinflussen uns zwar und spielen natürlich eine Rolle, aber langfristig zählt vor allem der persönliche Einsatz.

Ich wünsche Ihnen viel Spaß und Erfolg auf der Reise. Übernehmen Sie die Kontrolle und starten Sie in eine glückliche, finanzielle Zukunft!

Begriffe

Ein paar Begriffe tauchen immer wieder in diesem Buch auf. Daher gebe ich hier kurz eine Übersicht:

Geldmanagement: Unter Geldmanagement verstehen wir in diesem Buch die eigenständige Geldverwaltung und -kontrolle. Also dafür Sorge zu tragen, dass es nicht einfach verschwindet, dass man einen guten Überblick hat und es für die Dinge verwendet, die einem wichtig sind. Darum geht es in diesem Buch.

Mehr-vom-Geld-System: Das Mehr-vom-Geld-System ist ein revolutionär einfaches Geldmanagementsystem. Es ist wie ein Kochrezept für Ihre Finanzen, durch das Sie mit ein paar Zutaten und wenigen Handgriffen Ihr privates Geldmanagement umsetzen können.

Mehr-vom-Geld-Tools: Die Mehr-vom-Geld-Tools sind ein Softwarepaket, mit dem Sie das Mehr-vom-Geld-System umsetzen können. Es besteht aus verschiedenen Vorlagen und Dateien. Sie können aber auch andere Software oder gar keine Software nutzen.

1 TOP 10 GRÜNDE, WARUM SIE SICH MIT GELD BEFASSEN SOLLTEN

Darum geht es in diesem Kapitel:

- *Warum das Thema Geld so leicht unterschätzt wird*
- *Top 10 Gründe sich damit zu befassen*

Geld ist ein sehr emotionales Thema und besitzt unglaublich viele Aspekte. Schon in frühester Kindheit lernen wir Geld kennen und glauben schnell, das einfache Prinzip verstanden zu haben. Wie man Geld im Alltag benutzt, ist in der Tat einfach. Es aber zu kontrollieren, sinnvoll zu verwenden und zu vermehren, ist ein ganz anderes Thema, das wir leider nicht in der Schule lernen.

Dem Geld werden viele Eigenschaften zugeschrieben – gute wie schlechte, als hätte Geld eine Persönlichkeit. Nicht das Geld selbst hat eine

Persönlichkeit, aber Geld erzeugt in den Menschen die verschiedensten Emotionen. Unbestritten ist, dass Geld in unserem Leben eine sehr zentrale Stellung einnimmt. Wir alle sollten uns daher mit dem Thema sehr intensiv auseinandersetzen.

Aber warum genau ist das so wichtig? Es gibt viele Gründe dafür. Ich nenne Ihnen hier die 10 wichtigsten Gründe, aber wenn Sie darüber nachdenken, werden Ihnen sicherlich noch viele mehr einfallen.

Dieses Kapitel dient als Einleitung für die nachfolgenden Abschnitte. Hauptsächlich werden wir uns hier sehr sachlich damit beschäftigen, wie man Geld im Alltag besser kontrollieren kann. Dafür sollte man sich bewusst sein, warum Geldmanagement so wichtig ist und dass etwas Mühe sehr gut investiert ist.

Grund 1: Geld beeinflusst alle Lebensbereiche

Geld spielt eine sehr zentrale Rolle in unserem Leben. Sämtliche Lebensbereiche sind in irgendeiner Form mit Geld verbunden, meistens in Form von Kosten. Fast unser ganzes Leben verbringen wir damit, Geld zu verdienen, um die Ausgaben bezahlen zu können. Leugnen hilft hier nicht: Geld spielt eine wichtige Rolle in unserem Leben.

Und daher ist es auch sehr wichtig, sich damit genügend auseinander zu setzen. Je besser Sie Ihr Geld kontrollieren, desto weniger müssen Sie anschließend darüber nachdenken und desto mehr werden Sie langfristig davon haben.

Grund 2: Schlafen Sie nachts ruhiger und haben Sie mehr Spaß am Geld ausgeben

Wenn Leute über Geld reden, ist meistens nicht das vorhandene Geld das Thema, sondern das fehlende Geld. So sieht es auch in unseren Gedanken aus. Wenn wir stets wissen, wie viel Geld wir haben und wie unsere derzeitige finanzielle Situation aussieht, dann brauchen wir uns darüber nicht unnötig Gedanken und Sorgen zu machen.

Bevor ich ein Geldmanagementsystem nutzte, ist es mir öfters passiert, dass ich nur eine ungefähre Vorstellung von meinem Kontostand hatte. Welche Abbuchungen kommen noch? Was ist mit der Kreditkarte? Wie viel habe ich schon für Freizeit und Hobby ausgegeben? Passt das zu meinen langfristigen Zielen? Ich wusste es nicht, weil mir der Überblick fehlte.

Obwohl ich nie akute Geldsorgen hatte, so löste diese Ungewissheit doch ein bestimmtes Unbehagen in mir aus. Und mit so einem Gefühl der Ungewissheit im Kopf, kann man weder sparen noch ausgeben wirklich genießen.

Diese Energieverschwendung auf Gedanken, Unbehagen und Sorgen ist völlig unnötig. Wenn man seine Finanzen zu jeder Zeit kennt, hat man diese Ungewissheit nicht mehr und kann klare Entscheidungen treffen.

Grund 3: Versachlichen Sie das Thema Geld

Geld verdirbt den Charakter, Geld ist die Wurzel allen Übels, Geld ist ein Seelenverderber und so weiter... Blablabla... Sie kennen sicherlich diese Sprüche, die Geld zu etwas Negativem machen.

Dabei ist es doch niemals Geld, das etwas anrichtet, denn Geld ist zunächst nichts weiter als ein Mittel, um Werte zu tauschen. Es liegt immer in der Macht des Besitzers, das Richtige mit dem Geld zu machen.

Oft haben wir diese Sprüche gehört und wurden durch sie beeinflusst. Viele betrachten bewusst oder unbewusst den Wunsch, viel Geld zu besitzen, als negativ. Aber ist das richtig? Es ist wichtig, dass Sie Ihre Einstellung zu Geld überdenken (mehr dazu in Kapitel 11). Geld ist zu bedeutend in unserem Leben, um mit Sprichwörtern des Volksmundes erklärt zu werden!

Grund 4: Sparen Sie

Sparen, sparen – das hört sich immer so nach Armut und Geldsorgen an. Völlig falsch! Die Fähigkeit sparen zu können, ist die Grundlage von anhaltendem Wohlstand.

Gerade Menschen mit gutem Einkommen sehen diesen Zusammenhang oft nicht. Wenn man wenig Geld hat, dann ist es offensichtlich, dass man nur durch Ansparen von Geld vorankommt. Wenn man aber jeden Monat eine hohe Summe verdient, vernachlässigt man diesen Gesichtspunkt häufig. Aber das ist ein großer Fehler! (mehr dazu in Kapitel 12).

Wenn man sich mit dem Thema Geld auseinandersetzt, wird man die tatsächliche Bedeutung von Vermögensaufbau erkennen. Gerade in „guten Zeiten".

Grund 5: Investieren Sie

Geld zu investieren gehört in jede Vermögensplanung. Aber es ist ein komplexes Thema. Durch nicht getätigte Investments kann man viel Geld verschenken. Ebenso kann man aufgrund falscher Entscheidungen auch viel Geld verlieren. Dagegen kann man aber durch die richtigen Investments auch richtig viel Geld verdienen. Daher nehmen Investments einen integralen Stellenwert beim Thema Geld ein (mehr dazu in Kapitel 13).

Grund 6: Sorgen Sie vor

Unabhängig davon, wie Sie sich diesem Thema nähern und was Ihre Strategie ist, müssen Sie sich hiermit befassen: der Altersvorsorge. Je früher desto besser!

Schauen wir uns die Situation an: vor der Industrialisierung haben Familien in mehreren Generationen zusammengelebt und sich gegenseitig versorgt. Diesen Familienbund übernahmen später der Staat und die Unternehmen über die Rentenversicherung. Der sogenannte Generationenvertrag sorgte dafür, dass die Bevölkerung im Berufsleben die Renten der Pensionäre erbrachte. Jeder konnte sich darauf verlassen, im Alter selbst diese Rente zu erhalten.

Durch eine alternde Gesellschaft, in der es immer weniger arbeitende und mehr pensionierte Personen gibt, kann der Vertrag nicht mehr wie ursprünglich angedacht erfüllt werden. Daher wird das Rentenniveau in den kommenden Jahren weiter sinken und keiner kann sich darauf verlassen, vom Staat komplett versorgt zu werden.

Verlassen Sie sich also nicht auf andere, sondern sorgen Sie dafür, dass Sie im Rentenalter ein angenehmes Leben führen können. Jedoch sollten Sie Ihre Entscheidungen bewusst und vor allem in Ruhe treffen. Wichtigste Grundlage für jede Entscheidung ist, sich ausreichend mit der Thematik auseinander zu setzen.

Grund 7: Vermeiden Sie Konsumschulden

Nicht nur in den USA, sondern auch in Deutschland sind immer mehr Personen von Überschuldung betroffen. Von Überschuldung spricht man, wenn man nicht mehr in der Lage ist, mit den Einnahmen die laufenden Rückzahlungen für die Schulden zu begleichen. Ratenkäufe, Kredite für Konsumgüter und grundsätzlich ein Leben am Limit der finanziellen Möglichkeiten sind die Ursache dafür. Wenn dann die Arbeit verloren geht oder unerwartete Kosten auftauchen, gerät der Betroffene in die Schuldenfalle.

Um diese Situation zu vermeiden ist es erforderlich, seine finanziellen Grenzen zu kennen und diese nicht auszureizen. Wer sich mit dem eigenen Geld und den Finanzen befasst, wird diese Entwicklung leicht vermeiden können.

Grund 8: Machen Sie es den Vermögenden nach

In allen Lebensbereichen ist es sinnvoll von anderen zu lernen. In Bezug auf Geld ist es so, dass sich ALLE Personen, die selbst nachhaltigen Wohlstand aufgebaut haben – unabhängig vom Umfang – intensiv mit Geld befassen. Es ist eine Voraussetzung für dauerhaften Wohlstand und Freude am Geld.

Im Gegensatz dazu haben fast alle Lottogewinner ihre gewonnenen Millionen innerhalb weniger Jahre wieder verloren, weil sie den Umgang mit solch einem Vermögen nicht gelernt hatten. Ein funktionierendes Geld-Management-System ist ein wichtiger Baustein – wenn nicht sogar DER entscheidende Grundstein für Vermögensaufbau.

Grund 9: Entwickeln Sie finanzielle Ziele

Unabhängig davon wie Ihre finanzielle Situation derzeit aussieht, sollten Sie finanzielle Ziele haben und diese verfolgen. Über einen längeren Zeitraum kann man viel erreichen. Aber an einem gesetzten Ziel kommt man nur dann an, wenn man lange genug in die richtige Richtung geht.

Grund 10: Verwirklichen Sie Ihre Träume und Ziele

Egal welche Ziele Sie haben, gehört bis auf sehr wenige Ausnahmen der Einsatz von Geld dazu. Die Bestrebungen, ein großes Haus zu besitzen, die Umwelt zu schützen, die Welt zu bereisen, Hobbies und Freizeit zu genießen, haben eines gemeinsam: es ist Geld erforderlich. Das gilt also für eigennützige und gemeinnützige Ziele gleichermaßen.

Und es gilt auch in Bezug auf die kleineren Ziele. Wenn Sie zum Beispiel in München leben, Ihre Eltern oder Geschwister aber in Hamburg, dann kostet jeder Besuch einiges an Geld. Spontanität ist kaum möglich, wenn das Geld dazu fehlt.

Viele Entscheidungen im Alltag sind durch Geldüberlegungen geprägt. Es gibt daher viele gute Gründe, sich mit Geld, Vermögen und der Verwendung von Geld auseinander zu setzen. Streben Sie niemals nur nach dem Besitz von Geld, sondern machen Sie sich Gedanken, wie Sie das Geld sinnvoll einsetzen möchten. Dann können Sie die in Grund Nr. 9 genannten finanziellen Ziele setzen und Wege entwickeln, um diese zu erreichen.

Die in diesem Buch beschriebenen Werkzeuge geben Ihnen die Macht über Ihr Geld. Sie werden damit in der Lage sein, Ihren „Geldalltag“ ganz bewusst zu gestalten. Sie haben damit dann die Grundlage geschaffen, um langfristige und größere Ziele anzugehen.

Finanzielle Ziele zu haben muss nicht bedeuten, dass Sie große Reichtümer anstreben müssen. Entwickeln Sie vor allem eine eigene Meinung und setzen Sie sich dann Ziele, die Sie verfolgen können. Und wenn Sie ein größeres Vermögen in der Zukunft anstreben, ist es umso wichtiger, dass Sie konsequent und diszipliniert daran arbeiten.

Wie in allen Lebensbereichen kann man nur dann etwas erreichen, wenn man zielstrebig ist. Gerade im Finanzbereich gibt es viele, die von den Unentschlossenen profitieren möchten.

Workbook-Aufgabe 1:

Nehmen Sie nun bitte zum ersten Mal Ihr Workbook zur Hand. Überlegen Sie in Ruhe, welche persönlichen Gründe Sie haben, um sich mit Geld zu befassen.

Was würden Sie gerne erreichen und was ist Ihnen wichtig? Was können Sie in Ihrem Leben verbessern, wenn Sie sich mit Geld befassen? Sind Sie bereit, dafür Zeit und Energie aufzubringen?

Das Kapitel auf einen Blick:

- *Sie haben 10 wichtige Gründe kennen gelernt, warum es so wichtig ist, sich mit Geld auseinander zu setzen.*

2 DAS ERWARTET SIE

Darum geht es in diesem Kapitel:

- *Warum Ausgabenerfassung unverzichtbar ist*
- *Das Geldjournal*
- *Überblick über die Teile des Buches*

Sie haben dieses Buch gekauft. Also haben Sie den Wunsch, Ihren Umgang mit Geld zu verbessern. Was Sie sich genau darunter vorstellen, weiß ich nicht. Daher ist dieses Kapitel so wichtig, denn hier erhalten Sie einen konkreten Überblick. Wenn Sie die Methoden dieses Buches anwenden, dann haben Sie Ihr Geld komplett unter Kontrolle. Es wird nie wieder unbewusst irgendwo hin „verschwinden" können.

Ich habe es bereits erwähnt: Um das zu erreichen, sind gewisse Aktivitäten Ihrerseits erforderlich. Und zwar regelmäßig! Ein Grundprinzip in unserem Leben ist, dass wir für gute Ergebnisse etwas tun müssen – wenn Sie z.B. in einer schönen Beziehung leben möchten, müssen Sie Ihrem Partner Zeit und Aufmerksamkeit widmen. Wenn Sie Pflanzen züchten, müssen Sie diese pflegen. Wenn Sie Ihren Tag sinnvoll nutzen möchten, müssen Sie vorher etwas Zeit mit der Planung verbringen. Bei all diesen

Bereichen können aber kleine Aktivitäten ganz unglaubliche Ergebnisse bringen. So ist es auch im Umgang mit Geld.

Ich werde Sie in den nächsten Kapiteln auffordern, Ihre Einnahmen und Ausgaben in Zukunft komplett zu notieren! Alles, jeden Tag, ohne Ausnahme! Alles andere ist eine halbe Sache. Ich werde Ihnen zeigen wie all dies ohne Mühe und viel Zeitaufwand funktioniert.

„Alle Ausgaben notieren? Ich dachte, hier wird mir das Leben erleichtert und nicht verkompliziert!?"

Vielleicht denken Sie genau das in diesem Moment. Bevor Sie das Buch jetzt enttäuscht zur Seite legen, ermuntere ich Sie zu bleiben und weiter zu lesen. Es geht natürlich nicht darum, Ihr Leben komplizierter zu machen. Ganz im Gegenteil. Dieses Buch wird Ihren Umgang mit dem Geld und Ihre Einstellung zum Geld stark vereinfachen. Aber dafür sind ein paar Schritte zu tun, denn ohne geht es nicht. Es ist nämlich ein Irrtum, dass wir Zeit und Mühe sparen, wenn wir uns mit Geld möglichst wenig befassen. Ihre Geldsituation kann viel einfacher werden, wenn Sie regelmäßig etwas Zeit investieren. Es zahlt sich auf jeden Fall aus!

Ausgabenerfassung: Unverzichtbar!

Das Mehr-vom-Geld-System besteht nicht nur aus der Erfassung von Einnahmen und Ausgaben. Aber die Erfassung ist eine wesentliche Grundlage und Sie werden im Alltag damit täglich ein paar Minuten verbringen müssen. Ich gehe auf die Erfassung hier so explizit ein, da ich Sie ggf. erst über deren Unverzichtbarkeit überzeugen muss.

Überlegen Sie bitte, inwieweit das Folgende auf Sie zutrifft:

- *Auf meinen Kontoauszügen ist der Kontostand oft niedriger als erwartet*
- *Wenn ich mir etwas kaufe, habe ich oft ein schlechtes Gewissen*
- *Das Geld verschwindet immer so schnell*

- *Wenn ich Rechnungen bezahlen muss, empfinde ich ein unangenehmes Gefühl*
- *Ich gebe zu viel Geld aus*
- *Viele Dinge kaufe ich nicht, da ich nicht sicher bin, ob ich mir diese leisten kann*
- *Meine finanzielle Zukunft beunruhigt mich*
- *Ich kaufe zu viele unnötige Sachen*

Wenn Sie sich auch nur ein bisschen bei diesen Aussagen erkannt haben, dann liegt das daran, dass Sie Ihr Geld nicht vollständig unter Kontrolle haben. Und so kommen viele Emotionen ins Spiel wie schlechtes Gewissen, unangenehme Gefühle, Unsicherheit, Unruhe... Geld ist mit so vielen Emotionen belegt, die uns das Leben schwer machen. Kein Thema in unserem Leben scheint so einfach und nüchtern und ist in Wirklichkeit so hochemotional und komplex. Wir neigen dazu, das Thema gnadenlos zu unterschätzen.

Wenn Sie sich in keiner der Aussagen wiedergefunden haben, dann haben Sie zurzeit wahrscheinlich genügend Geld zur Verfügung und machen sich keine Sorgen über die Zukunft. Herzlichen Glückwunsch! Aber kennen Sie Ihre finanzielle Situation wirklich? Was ist, wenn Sie plötzlich mit viel weniger auskommen müssten – können Sie sagen, wie viel Sie mindestens benötigen? Gerade Personen mit hohem Einkommen sind gefährdet, das Thema zu unterschätzen und irgendwann unangenehme Überraschungen zu erleben. Die Autoren Marc Brost und Marcus Rohwetter beschreiben dies in ihrem Buch „Das große Unvermögen – warum wir beim Reichwerden immer wieder scheitern“ sehr anschaulich.

Was also tun? Die Antwort ist: Sie müssen sich und Ihr Geld besser kennen lernen. Und damit kommen wir zurück zum Notieren der Ausgaben. Das ist der effektivste Weg, um genau das zu erreichen. Sie erhalten alle Informationen zu Ihrem Ausgabeverhalten und können Ihre mit dem Geld verbundenen Emotionen aufdecken und bei Bedarf überwinden. Schon allein durch schriftliche Ausgabenkontrolle werden Sie intensiver darüber nachdenken. Und Sie haben die Möglichkeit, alle negativen Emotionen zu überwinden, indem Sie Ihre finanzielle Situation kennen und bewusste Entscheidungen treffen. Sie haben dann mehr von Ihrem Geld.

Aus den notierten Daten lassen sich viele Informationen gewinnen, die Ihnen genau aufzeigen, für was Sie Ihr Geld eigentlich ausgeben. Sie können dieses Wissen nutzen, um Geld auf der einen Seite vernünftig einzusparen und auf der anderen Seite gezielter auszugeben. Auch für Investitionsentscheidungen sind diese Informationen unverzichtbar. Die eigene Geldsituation zu kennen, wird Ihnen ein sehr gutes Gefühl geben und ist die Grundlage von langfristigem finanziellem Erfolg.

Geht es etwa um ein Haushaltsbuch? Gibt es nicht etwas Moderneres?

Der Begriff „Haushaltsbuch" mag Ihnen vielleicht altmodisch erscheinen. Das Konzept ist aber überhaupt nicht veraltet. Vielmehr führt der Glaube, in der modernen Zeit mit Online-Banking und elektronischen Kontoauszügen kein Haushaltsbuch mehr zu benötigen, zu einem falschen Umgang mit Geld. Was ist denn ein Haushaltsbuch überhaupt? In einem Haushaltsbuch werden die gesamten Ausgaben eines Haushaltes notiert, um einen Überblick zu behalten. In früheren Zeiten hatte die Hausfrau oft jeden Monat eine bestimmte Summe zur Verfügung: das Haushaltsgeld. Um damit auszukommen, musste sie über alle Kosten Buch führen, was auch als „haushalten" bezeichnet wurde. Das war meistens mit strengen Budgets für einzelne Bereiche verbunden.

Bevor es elektronische Zahlungsmittel gab, wurden die Budgets oft sogar in einzelnen Schachteln verwaltet, in denen das Bargeld für die einzelnen Bereiche aufbewahrt wurde. Wenn eine Schachtel leer war, konnte in dem Bereich bis zum nächsten Gehalt nichts mehr ausgegeben werden. So einfach kann man sein Geld kontrollieren!

Die Zeiten haben sich natürlich geändert. Aber die moderne Finanzwelt hat unser Leben weder einfacher noch übersichtlicher gemacht. Ganz im Gegenteil. Wer hat heute noch einen genauen Überblick über seinen aktuellen Bargeldbestand und die Ausgaben in allen Bereichen? Nur wer auch heute Buch darüber führt, kann diese Übersicht haben.

Dabei ist die Kontrolle heute wichtiger denn je. Hätte die Hausfrau früher kein Haushaltsbuch geführt, wäre ihr vielleicht vor Monatsende das Geld ausgegangen. Aber spätestens dann, wenn kein Geld mehr da war, hätte sie es gemerkt. Und heute? Heute können wir mit Kreditkarten und Überziehungen unseres Kontos mehr Geld ausgeben als wir haben und merken es nicht einmal! Die modernen Zahlungsmittel geben uns zwar mehr Möglichkeiten und Freiheiten, gehen aber auch mit mehr Verantwortung einher.

Aus diesem Grund ist die Idee des Haushaltsbuches nicht veraltet, sondern sehr modern. Nur ist es komplexer geworden und daher scheitern so viele daran.

Warum ein Haushaltsbuch heute nicht mehr ausreicht

Ein Haushaltsbuch ist in seiner klassischen Form ein Blatt Papier, auf dem die Ausgaben in einer Tabelle notiert werden. Heute gibt es natürlich Softwareprogramme, die oft aber nicht viel mehr können als das Papier und einem lediglich das Zusammenzählen der einzelnen Zahlen abnehmen.

Aber wohin gehört die heute getätigte Kreditkartenzahlung, die ich erst in vier Wochen bezahle? Und was ist mit dem Riester-Vorsorgevertrag – ist das eine Ausgabe? Und den Betrag auf meiner Geldkarte, wo notiere ich den? Und wie behalte ich Überblick darüber, wann die Kfz-Versicherung fällig wird? Und die Ratenzahlung – als einen Betrag oder verteilt auf alle Monate notieren?

Es ist etwas komplizierter geworden heutzutage und daher muss auch das Konzept des Haushaltsbuches an die geänderte Finanzwelt angepasst werden. Dass trotzdem einige wenige Regeln ausreichen, zeige ich Ihnen in den folgenden Kapiteln.

Um nicht altes und neues Verständnis vom Haushaltsbuch durcheinander zu bringen, werde ich einen anderen Begriff nutzen: das Geldjournal. Im Geldjournal werden die Einnahmen und Ausgaben protokolliert und analysiert. Es ist quasi das Tagebuch Ihrer Finanzen.

Das Geldjournal ist ein wesentlicher Bestandteil des Mehr-vom-Geld-Systems. Weitere Bestandteile sind die Vertragsverwaltung und die Vermögensübersicht. Darauf wird in den entsprechenden Teilen im Detail eingegangen.

Reiseverlauf: Kompaktüberblick über die Teile

Auf der Reise durch die privaten Finanzen werden wir einige Stationen besuchen. Hier nun ein Kompaktüberblick über den Verlauf der Reise:

Teil I

Dies ist der erste Praxisteil. Hier sind die einleitenden Schritte des Mehr-vom-Geld-Systems beschrieben. Ich werde Ihnen zeigen, wie Sie alle Informationen über Ihre Ausgangslage (finanzielle Situation) sammeln, um Ihre Reise zu beginnen. Weiterhin geht es darum die Reise zu planen, indem Sie festlegen wie detailliert Sie Ihr Geld im Geldjournal kontrollieren möchten. Die in Teil I beschriebenen Schritte sind nur einmalig durchzuführen.

Teil II

Im zweiten Teil geht es um den Kern des Mehr-vom-Geld-Systems: den Geldmanagementprozess zur regelmäßigen Überwachung und Steuerung Ihrer Finanzen.

Teil III

Der dritte Teil enthält vertiefende und ergänzende Kapitel. Sie werden lernen, wie Sie Ihren versteckten destruktiven Glaubenssätzen auf die Spur kommen und diese überwinden. Weiterhin enthält dieser Teil vertiefende Informationen zum Mehr-vom-Geld-System und eine Einführung in den Vermögensaufbau.

Teil IV

Der vierte Teil enthält ein kurzes Abschlusskapitel und eine kompakte Zusammenfassung des Mehr-vom-Geld-Prozesses. Dieses

Kapitel ist zum Ausdrucken gedacht, damit Sie es bei der Durchführung der Aktivitäten bequem zur Hand haben.

Das Kapitel auf einen Blick:

- *Unsere Finanzwelt ist so komplex geworden, dass eine Überwachung der eigenen Ausgaben unverzichtbar ist.*
- *Das klassische Haushaltsbuch muss an die moderne Geldwelt angepasst werden. In diesem Buch sprechen wir daher von einem Geldjournal.*
- *Weitere Bestandteile des Mehr-vom-Geld-Systems sind die Vermögensübersicht und die Vertragsverwaltung.*
- *Das Buch besteht aus mehreren Teilen. Teil I und II beschreiben das Mehr-vom-Geld-System und Teil III vertieft dies. Teil IV schließt das Buch ab und gibt eine Kurzzusammenfassung des Prozesses.*

TEIL 1

TEIL I

Grundvoraussetzung für ein funktionierendes Geldmanagementsystems ist es, dass man seine persönliche Finanzsituation umfassend kennt. Im ersten Teil dieses Buches geht es darum, diese Übersicht zu erlangen und festzulegen, wie detailliert die Einnahmen und Ausgaben im Geldjournal in Zukunft kontrolliert werden sollen. Diese alltägliche Überwachung ist dann in Teil II beschrieben.

Bevor es nun losgeht möchte ich Sie vorwarnen: **Es wird jetzt ernst und Sie werden sich mit nüchternen Zahlen befassen müssen!**

Vielleicht haben Sie dieses Buch mit dem Ziel vor Augen gekauft, dass Sie mit mehr Geld und weniger Sorgen leben möchten. Das ist klasse und wunderbar. Verlieren Sie dieses Ziel nicht aus den Augen. Aber um das zu erreichen, sind einfache und nüchterne Schritte notwendig, die Ihnen vielleicht nicht viel Spaß machen werden. Lassen Sie sich nicht abschrecken, wenn in den nächsten Kapiteln von Zielen erst einmal nicht viel zu spüren ist. Falls Sie Zahlen nicht gerade lieben, wird dies nicht die spannendste Aufgabe für Sie sein. Sie sind aber nötig und ich bitte Sie zu Ihrem eigenen Wohl und Erfolg des Projektes, die gestellten Aufgaben umzusetzen.

Behalten Sie Ihr finanzielles Vorbild im Kopf und bedenken Sie immer, was Sie mit mehr finanziellem Freiraum alles tun können. Ich gehe darauf so bewusst und wiederholt ein, da ich selbst so oft den Verlust der Anfangsmotivation erlebt habe, bis mir klar wurde, dass ich selbst etwas tun musste. Natürlich war mir das vorher schon irgendwie bewusst und niemand hatte mir jemals etwas anderes versprochen. Und doch habe ich viele gute Bücher nicht genutzt, weil ich sie nur gelesen habe und den Aufforderungen zur Umsetzung nicht folgte.

Wenn Sie zwischendurch die Motivation ganz verlieren, lesen Sie nochmals Kapitel 1 und überlegen Sie sich Ihre persönlichen Gründe und Ziele.

3 KATEGORISIEREN SIE IHRE GELDFLÜSSE

Darum geht es in diesem Kapitel:

- *In welchem Land Sie König sind*
- *Geldflüsse: was das ist und warum es so wichtig ist, sie zu kennen*
- *Warum Sie den Geldflüssen Namen geben sollten*
- *Wie Sie das im Detail machen*

Geld hat die Eigenschaft in Bewegung zu sein – es fließt in Ihren Besitz und wieder hinaus. In gewisser Weise hat es wirklich die Eigenschaft einer Flüssigkeit: es ist schwer zu kontrollieren und versickert oder verdunstet, wenn man nicht genau aufpasst. Ganz grob betrachtet gibt es zwei Geldflüsse: Geld, das in Ihren Besitz fließt (Einnahmen) und Geld, das von Ihnen in den Besitz anderer fließt (Ausgaben). Wenn Sie nur diese beiden großen Geldflüsse kennen würden, wären Sie schon viel weiter als die Meisten: Sie würden wissen, was Sie einnehmen und was Sie ausgeben (in einem bestimmten Zeitraum).

Wenn Sie diesen Geldfluss aber nur so in seiner Gesamtheit betrachten, werden Sie nicht erkennen können, wo welcher Teil seine Quelle hat – woher also im Detail die Ausgaben und Einnahmen kommen.

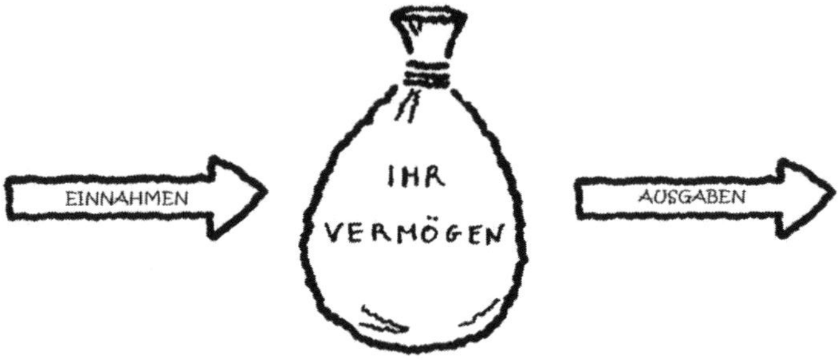

Üblicherweise ist natürlich vor allem der Ausgabenfluss von Interesse. Der große Ausgabenstrom zerteilt sich nämlich in viele kleinere Flüsse und Bäche. Um nun diese kleineren Flüsse ebenfalls genauer zu bestimmen, müssen Sie zunächst überlegen wie detailliert Sie dies tun wollen.

Sie sind der König

Sie überlegen also, welche Ausgaben Sie als einen Fluss – von nun an als Kategorie bezeichnet – betrachten wollen.

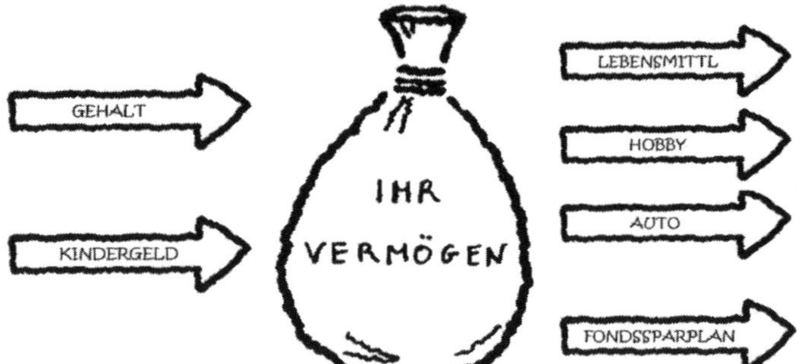

In vielen Softwareprogrammen zur Finanzverwaltung finden Sie sehr viele dieser Kategorien bereits fertig vorgegeben. Das ist jedoch keine sehr glückliche Herangehensweise. Es verführt nämlich dazu, dass Sie zum einen viel zu viele Kategorien nutzen und Ihre Geldlandkarte unglaublich kompliziert wird. Zum anderen unterlassen Sie es dann, sich ausreichend darüber Gedanken zu machen. Und dann steht Ihr gesamtes weiteres Vorgehen ggf. auf einem schlechten Fundament. Wenn ein elektronisches Haushaltsbuch 100 Kategorien vordefiniert hat, scheint es so, als könnte man sofort loslegen und bei Bedarf noch ein oder zwei eigene Kategorien anlegen. Aber Sie benötigen keine 100 Kategorien! Sie müssten in so einem

Programm also die 100 Kategorien nehmen und alle 75 nicht benötigten Kategorien löschen. Das ist natürlich wenig sinnvoll.

Daher geht es in diesem Kapitel darum, dass Sie selbst festlegen, in welche Kategorien Sie Ihre Einnahmen und Ihre Ausgaben aufteilen. Ihre sämtlichen Geldbewegungen müssen sich einer Kategorie zuordnen lassen. Für diese Aufgabe benötigen Sie etwas Zeit. Nehmen Sie sich diese Zeit – es ist sehr wichtig, dass Sie eine gute Basis schaffen.

Ich gebe Ihnen einige Beispiele und Anregungen für die Kategorien. Ich liefere Ihnen aber aus genannten Gründen keine fertige Liste. Wenn Sie sich einmal Gedanken gemacht haben, werden Sie viel seltener Zuordnungsprobleme haben und sich viel besser damit identifizieren können. Sie sind der König in Ihrem Land der Finanzen, also vergeben Sie auch die Namen.

Träumen Sie

Um sich dem Thema zu nähern, ist folgende Übung gut geeignet: Stellen Sie sich vor, Sie könnten einer allwissenden Maschine beliebige Fragen zu Ihren Ausgaben und Einnahmen stellen. Es existiert allerdings die Bedingung, dass es nur Fragen sein dürfen, die sich wirklich mit dem genauen Wissen Ihrer Finanzsituation beantworten lassen (also zum Beispiel nicht die Frage, was für Investitionen sinnvoll sind oder welche Steuertricks es gibt). Was würden Sie der Maschine für Fragen stellen?

Vielleicht: „Wie viel gebe ich für Freizeitaktivitäten aus?“ oder „Wie viel habe ich im vergangenen Monat eingenommen und wie viel ausgegeben?“ oder „Wofür gebe ich das meiste Geld aus?“ oder „Wie viel gebe ich für mein Hobby aus?“ oder „Wie viel kostet mich das Auto wirklich?“ oder … oder …

Workbook-Aufgabe 2

Was würden Sie fragen? Welche Fragestellungen interessieren Sie am meisten? Überlegen Sie dies bitte ernsthaft. Nehmen Sie sich Ihr Workbook und notieren Sie sich Ihre Fragen. Lesen Sie bitte erst weiter, wenn Sie das erledigt haben.

Zurück in die Realität

Und dann ist der Zeitpunkt gekommen, aus diesem Traum wieder sanft aufzuwachen. Denn leider gibt es keine allwissende Maschine, die alle Fragen beantworten kann (vielleicht ist das aber auch gut so, denn das wäre doch irgendwie erschreckend). Sie müssen sich diese Informationen selbst besorgen, um diese Fragen in Zukunft beantworten zu können.

Ihre Fragen sind eine wunderbare Grundlage für die Überlegung, in welchen Kategorien Sie Ihre Ausgaben und Einnahmen kontrollieren möchten. Je detaillierter Sie sehen möchten wo Ihr Geld hinfließt, desto mehr Kategorien benötigen Sie. Allerdings sollten Sie auch nicht zu viele Kategorien anlegen, da Ihr gesamtes Erfassungssystem ansonsten zu unübersichtlich wird und Sie zu viel Zeit mit der Kategorienzuordnung verbringen.

Verwenden Sie so wenig Kategorien wie möglich (und so viele wie nötig)!

Weniger ist hier besser. Sie wollen Ihre privaten Finanzen kontrollieren, nicht einen internationalen Konzern. Bleiben Sie daher selbstkritisch und unterteilen Sie nicht in zu viele Kategorien.

Einnahmen: Ihr Zufluss

Workbook-Aufgabe 3:

Nehmen Sie sich jetzt bitte Ihr Workbook erneut zur Hand. Machen Sie sich zunächst keine Gedanken wie später die Ausgaben- und Einnahmenkontrolle genau funktioniert.
Es geht erst mal um allgemeine Überlegungen wie Sie die Geldflüsse definieren. Bestimmen Sie zunächst die Kategorien für Einnahmen: Dies ist bei den meisten Personen einfach. Üblicherweise gehört dazu:

- *Gehalt / Rente*
- *Einnahmen aus Investitionen*
- *Staatliche Zuschüsse wie Kindergeld u.ä.*
- *Sonstiges*

Sonstiges beinhaltet z.B. Geldgeschenke oder Einnahmen aus Privatverkäufen.

Schauen Sie sich Ihre Fragen an. Welche lassen sich nur mit Kenntnis Ihrer Einnahmen beantworten? Was sollten Sie in Zukunft über Ihre Einnahmen wissen? Legen Sie dann Ihre Einnahmekategorien fest. Wenn Sie über etwas länger nachdenken müssen, dann schreiben Sie sich Ihre Überlegungen auf, damit Sie diese später erneut nachlesen können. Aber üblicherweise ist das bei den Einnahmen nicht so kompliziert.

Ausgaben: Der Abfluss

Workbook-Aufgabe 4:

Nun wenden wir uns den Ausgaben zu. Notieren Sie die Ausgabenkategorien im Workbook auf der entsprechenden Seite.

Schauen Sie auch hier wieder in Ihre Frageliste und überlegen Sie, was Sie zur Beantwortung der Fragen in einzelne Kategorien unterteilen müssen. Notieren Sie die Kategorien und ergänzen Sie diese später, falls noch etwas fehlen sollte.

Ungefähr 20 Positionen sind eine gute Aufteilung, um es nicht zu kompliziert zu machen und trotzdem ausreichend genau zu sein. Hier eine Beispielkategorienliste:

- *Lebensmittel*
- *Kantine/Essen unterwegs*
- *Kosmetik*
- *Gesundheit*
- *Kleidung*
- *Bildung*
- *Unterhaltungsartikel*
- *Ausgehen*
- *Geschenke*
- *Auto*
- *Fernverkehr*
- *Nahverkehr*
- *Haushalt*
- *Miete*
- *Strom*
- *Internet & Telefon*

- *Handy*
- *Rundfunk & Fernsehen*
- *Spenden*
- *Versicherungen*
- *Sonstiges*

Kontoauszüge nutzen

Eine gute Hilfe für die Kategoriendefinition ist dieser Tipp: Schauen Sie sich Ihre Kontoauszüge der letzten Monate an und überlegen Sie sich für diese Positionen, wo sie eingeordnet werden sollten. Dies hilft Ihnen, die für Sie wichtigen Kategorien zu finden.

Definieren Sie die Kategorien nach Ihren Lebensumständen. Dort, wo Sie besonders viele oder besonders hohe Ausgaben haben, sollten Sie feinere Gliederungen vornehmen als für Bereiche, in denen die Ausgaben sehr übersichtlich sind,

Wenn Sie z.B. selten mit dem Handy telefonieren, können Sie dies in eine Kategorie mit Festnetz- und Internetkosten eintragen. Und wenn Sie gerade ein Studium oder eine Fortbildung absolvieren, ist es eventuell sinnvoll, den Punkt Bildung in weitere Unterkategorien aufzuteilen. Dies wird sich wahrscheinlich aus Ihren Fragen entsprechend ergeben.

Und halten Sie es einfach! Wenn Sie jetzt hochmotiviert sind, Ihre Geldflüsse in Zukunft ganz genau zu überwachen, dann ist das wunderbar. Aber wie wird es nächste Woche aussehen, wenn Sie wegen dem neuen Projekt länger im Büro bleiben müssen, Ihre Mutter Geburtstag hat, Ihr Hund krank ist und das Auto in die Werkstatt muss?

Ich wünsche Ihnen natürlich, dass Sie eine ruhigere Woche haben, aber der Punkt ist: Ihre Geldüberwachung ist nur erfolgreich, wenn Sie sie dauerhaft betreiben. Also auch dann, wenn es mal hektischer zugeht.

Überlegen Sie vor allem auch, welche Ausgaben Sie welcher Kategorie zuordnen. Gehört die Fachzeitschrift zu Bildung oder ist es doch eher Unterhaltung? Schreiben Sie sich das auf, damit Sie es durchgängig anwenden können. Sie werden über das Jahr immer mal wieder auf Ausgaben stoßen, die schwer einer Gruppe zuzuordnen sind. Entscheiden Sie sich für eine und versuchen Sie konsequent bei dieser Einteilung zu bleiben. Und notfalls gibt es ja noch die Kategorie „Sonstiges" für besondere Ausgaben. Wenn Sie allerdings zu häufig Ausgaben zu „Sonstiges" zuordnen, sollten Sie unbedingt Ihre Kategorisierung überdenken.

Keine Umbuchungen erfassen

Wenn Sie Geld am Geldautomaten abheben oder zwischen zwei Ihrer Konten transferieren, dann ist das weder eine Einnahme noch eine Ausgabe und benötigt daher auch keine Kategorie. Bedenken Sie nur die Fälle, in denen Geld in Ihren Besitz gelangt oder Sie es ausgeben. Ob es dabei um Bargeld geht oder sich um ein Konto handelt, ist hier erst einmal unwesentlich. Wir kommen darauf später noch zurück.

Auch obige Beispielliste hat das Potenzial, verkürzt zu werden. Wenn Sie selten mit der Bahn fahren, brauchen Sie sicherlich nicht zwischen Nah- und Fernverkehr zu unterscheiden. Auch Lebensmittel und Ausgaben für Essen in der Kantine oder unterwegs können Sie vielleicht in einer Kategorie verwalten. Wenn Sie unsicher bzgl. der Notwendigkeit einer bestimmten Kategorie sind, denken Sie darüber nach wie genau Sie über diese spezifischen Ausgaben informiert sein möchten und wie Ihnen dieses Wissen weiterhilft.

Wenn Sie jeden Tag 3,50 € in der Kantine ausgeben, benötigen Sie dafür keine eigene Kategorie. Wenn Sie aber aus beruflichen Gründen häufig spontan unterwegs essen, dann kann eine genaue Ausgabenermittlung durchaus interessant für Sie sein. Streben Sie nicht an, alle Kategorien eindeutig zu gestalten. Es ist nicht wichtig, ob gewisse Ausgaben in mehrere Kategorien passen würden. Jedoch ist es durchaus wichtig, dass Sie eine einmal ausgeführte Zuordnung auch dauerhaft einhalten und sich somit genau an das von Ihnen festgelegte Raster halten. Ein Beispiel: Ihr Hobby ist das Tennisspielen. Sie haben daher als Frage notiert, wie viel Sie für das Tennisspielen eigentlich ausgeben. Deswegen haben Sie auch eine Kategorie „Tennis" definiert. Wenn Sie im Sportgeschäft also Tenniskleidung kaufen, dann ordnen Sie das natürlich der Kategorie „Tennis" zu. Aber gehört das nicht in die Kategorie „Kleidung"? Natürlich könnte es auch dort notiert werden, aber da Sie ja Tennis als eigene Kategorie vorgesehen haben, gehört es eben dort hin und nicht in die allgemeine Kategorie „Kleidung".

Wie in diesem Beispiel werden Sie wahrscheinlich allgemeine Kategorien haben wie Lebensmittel und Kleidung, die alle Ausgaben einer bestimmten Art sammeln. Und dann gibt es Kategorien wie Tennis, wo ganz verschiedene Ausgaben wie Mitgliedsbeiträge, Fahrten zu Turnieren, Schläger und Zubehör sowie Kleidung gesammelt werden.

Kategorienkürzel

Es ist sinnvoll, zu jeder einzelnen Kategorie direkt ein Kürzel festzulegen. Diese Abkürzungen können Sie dann später bei der Ausgabenerfassung verwenden. Zumindest für die wichtigsten Kategorien im Alltag (Lebensmittel, Auto, Kosmetik...) sollten Sie ein solches Kürzel definiert haben.

Unterkategorien

Sie können Unterkategorien bilden, indem Sie zusammengehörige Kategorien über eine gemeinsame vorangestellte Oberkategorie gruppieren. So können Sie z.B. Unterkategorien für Kategorien mit Bezug zur Wohnung wie folgt bezeichnen:

- *Wohnung: Miete*
- *Wohnung: Strom*
- *Wohnung: Einrichtung & Möbel*

Grundausgaben von Luxusausgaben trennen

Trennen Sie lebenswichtige bzw. verpflichtende Ausgaben (z.B. wegen eines Vertrages), von denjenigen, auf die Sie bei Bedarf verzichten könnten. So können Sie später leicht erkennen, welche Mindestsumme Sie pro Monat benötigen.

Geld verleihen

Wenn Sie einmal Geld verleihen oder auslegen, dann tragen Sie dies zunächst als Ausgabe ein (in einer eigenen Kategorie oder z.B. unter „Sonstiges"). Sobald Sie das Geld zurück erhalten, können Sie dies als negative Ausgabe bei der gleichen Kategorie notieren. Dadurch wird der Betrag wieder von den Ausgaben abgezogen.

Waren zurückgeben

Wenn Sie etwas in einem Geschäft zurückgeben und den Kaufpreis erstattet bekommen, dann können Sie natürlich die ursprüngliche Ausgabe einfach löschen. Sie können dies aber auch als negative Ausgabe in der Kategorie notieren und den Saldo damit ausgleichen. Dies ist insbesondere dann empfehlenswert, wenn Sie mit einer Kreditkarte bezahlt haben.

Durchlaufende Posten

Falls Sie öfters Summen auslegen, die Sie kurze Zeit später zurück erhalten, dann verwalten Sie dies in einer eigenen Kategorie, die sie aber weder zu Ihren Einnahmen noch

Ausgaben zählen. Wenn das nur sehr selten passiert, machen Sie sich darüber keine Gedanken.

Wichtig ist nur, dass Sie den Überblick behalten. Machen Sie sich daher Notizen. Erwarten Sie nicht, dass die Kategorienliste von Anfang an perfekt ist. Sie können Sie im Laufe der Zeit verbessern und anpassen.

Wenn Sie aber zum Beispiel Dienstreisen immer zunächst selbst bezahlen, um die Ausgaben anschließend von Ihrem Unternehmen zurück zu erhalten, dann können diese Posten Ihre Ausgaben- und Einnahmenübersicht stark verfälschen. Sie sollten Sie daher in einer ganz separaten Kategorie verwalten.

Investitionen: Geldvermehrung angestrebt

Eine dritte grundsätzliche Kategorienart fehlt noch - und zwar Investitionen. Sie nehmen eine Sonderstellung ein. Wenn Sie in etwas Investieren, zum Beispiel in einen Aktienfonds, dann ist das investierte Geld zunächst einmal nicht mehr in Ihrem Besitz. Aus dieser Sicht betrachtet, ist es daher eine Ausgabe. Allerdings haben Sie dafür ja einen Fondsanteil erworben, den Sie später - hoffentlich zu einem höheren Kurs – wieder in Geld auszahlen können. Dann verwandelt sich die ursprüngliche Ausgabe in eine Einnahme.

Gleiches gilt für Festanlagen, Kapitallebensversicherungen, Rentenversicherungen und so weiter. Eben für jede Investition. Bei Geldanlagen überlassen Sie anderen grundsätzlich immer finanzielle Mittel– z.B. Ihrer Bank oder auch einem Unternehmen (Aktien) - mit dem Versprechen oder der Hoffnung auf eine höhere Rückzahlung in der Zukunft (Rendite). Bei manchen Anlagen wird die höhere Rückzahlung garantiert, bei anderen nicht. Um all das zu überwachen, gehören Investitionen auf jeden Fall mit in das Geldjournal.

Eigentlich lassen sich Geldanlagen als normale Ausgaben und Einnahmen betrachten und vielleicht haben Sie sie dort schon berücksichtigt. Erinnern Sie sich an das Bild mit den Geldflüssen. Auch bei einer Investition fließt Geld aus Ihrem Besitz und bei der Rückzahlung wieder in Ihren Besitz. Aber dieses Bild stimmt eben nicht ganz. Wenn Sie Investitionen als normale Ausgaben betrachten, entsteht ein falsches Bild über die Höhe Ihrer Ausgaben. Es handelt sich hierbei ja nicht wirklich um Ausgaben, sondern um gespartes Geld, das angelegt wird. Trotzdem ist angelegtes Geld im Augenblick natürlich nicht mehr verfügbar und „fließt" daher erst einmal aus Ihrem Besitz heraus.

Gehen Sie daher folgendermaßen vor: Verwalten Sie Investitionen unbedingt in eigenen Einnahme- und Ausgabekategorien. Vermischen Sie diese nicht mit anderen, indem Sie z.B. den Fondssparplan mit der Haftpflichtversicherung zusammenlegen. Wir kommen später im Buch darauf zu sprechen, wie Sie diese Kategorien von allgemeinen Einnahme- und Ausgabekategorien unterscheiden.

Workbook-Aufgabe 5:

Notieren Sie Ihre Investitionskategorien im Workbook.

Stellen Sie fest, ob Sie regelmäßig Geld in Anlagevermögen überweisen. Beispiele sind Vorsorgeprodukte, Lebensversicherungen oder Fondssparpläne. Sie können jeden Vertrag als eigene Kategorie notieren oder sie nach ihrem Typ einteilen.

Beispiele:

- *Lebensversicherung*
- *Riester-Vertrag*
- *Rürup-Vertrag*
- *Festgeldanlage*

- *Fonds und Aktien*
- *Sonstige Anlage*

Und wenn Sie gar keine Investitionen haben? Dann möchte ich Sie ermutigen, sich in näherer Zukunft damit auseinander zu setzen. Lesen Sie dazu bitte Kapitel 12 besonders aufmerksam.

Das Ergebnis

So, damit wäre Ihre Kategorienliste erstellt. Sie ist die Grundlage für die Beantwortung Ihrer Fragen an Ihre finanzielle Situation. Die folgende Grafik zeigt symbolisch das Ergebnis der Kategorisierung. Sowohl Einnahmen als auch Ausgaben und Investitionen sind somit in für Sie sinnvolle Einzelkategorien eingeteilt.

Sie können die Kategorienliste selbstverständlich später auch noch anpassen. Wenn sich nach ein oder zwei Monaten herausstellt, dass noch etwas fehlt oder etwas überflüssig ist, dann ändern Sie es für die kommenden Monate. Machen Sie keine Wissenschaft daraus. Verlieren Sie nie Ihr Ziel aus den Augen: Kontrolle über Ihr Geld – mehr aber auch nicht. Gründen Sie keine private Finanzabteilung.

Und wenn Ihnen die ganze Kategorisierung völlig übertrieben scheint, bedenken Sie bitte eins: Sie legen nur einmalig diese Kategorien fest und haben anschließend ein klares Raster, um Ihre Geldbewegungen zu überwachen. Es steht Ihnen frei auch mit nur fünf Kategorien auszukommen.

Das Kapitel auf einen Blick:

- *Um die Einnahmen und Ausgaben genauer zu kontrollieren, reicht die Betrachtung der Gesamtsummen nicht aus.*
- *Sie haben daher für Ihre Einnahmen und Ausgaben eigene Kategorien festgelegt.*
- *Investitionen werden bei den Einnahmen und Ausgaben mit verwaltet, aber in eigenen Kategorien geführt, um diese Geldanlagen*

sauber zu trennen.

- *Die Kategorienliste sollte kompakt gehalten werden. Bei Bedarf lässt sie sich jederzeit anpassen.*

4 INVENTARISIEREN SIE IHRE SCHATZKAMMER

Darum geht es in diesem Kapitel:

- *Was Ihre Schatzkammer ist und warum Sie sie aufräumen sollten*
- *Wie Sie Ihr Vermögen ermitteln*
- *Wie Sie Ihre Verbindlichkeiten ermitteln*
- *Warum das so wichtig ist*

Bevor Sie hochmotiviert mit der Führung Ihres Geldjournals beginnen, ist es erst einmal wichtig, dass Sie sich einen Gesamtüberblick verschaffen. Wo stehen Sie? Was besitzen Sie? Welche Verpflichtungen haben Sie? Es geht quasi um eine Bestandsaufnahme Ihrer Schatzkammer. Sie enthält Ihre gesamten Besitztümer, aber auch Ihre Schulden.

Ihre Schatzkammer

Nutzen wir noch einmal das Bild, dass wir König im Land unserer Finanzen sind. Die Geldflüsse sind uns erst mal egal – es geht darum, dass wir Überblick über unsere Schatzkammer gewinnen. Nur leider ist diese total unordentlich. Es herrscht das reine Chaos und wir wissen nicht genau, was drin ist. Also müssen wir in das Kellergewölbe hinabsteigen und erst einmal Ordnung schaffen. Das kostet etwas Zeit, aber ohne eine ordentliche Schatzkammer können wir das Land kaum souverän regieren.

Einige Stunden später haben wir Ordnung in das Chaos gebracht und alles sortiert. Schauen wir uns einmal um. Die Schatzkammer ist in vier Bereiche unterteilt. Links vorne befinden sich in großen Säcke die Bargeldreserven. Sie sind gezählt und in unserem Schatzkammerbuch vermerkt.

Hinten links befinden sich auf Regalen viele gerahmte Urkunden. Es handelt sich um unsere Investitionen und Unternehmensbeteiligungen. Jede Urkunde gehört zu einer Investition. Im hinteren Teil der Schatzkammer steht auf der rechten Seite eine große Truhe. Dort sind Schmuck, wertvolle Gegenstände und auch Schlüssel zu unseren Anwesen gelagert. Auch diese Objekte haben wir alle gezählt und notiert. Es handelt sich um unsere Sachwerte.

Vorne rechts steht ein schwarzer Schreibtisch, auf dem eine große Mappe liegt. In der Mappe sind alle Schulden gesammelt, die wir haben. Dieser eher unangenehme Teil der Schatzkammer gehört ebenso dazu. Es handelt sich in gewisser Weise um negative Investitionen. Nicht wir investieren, sondern jemand anders investiert in uns und wir schulden ihm daher etwas. Wir haben nun alle Informationen in unserem Buch zusammen getragen. Daher kann die Schatzkammer wieder verschlossen werden.

Auch wenn Sie in Ihrem Leben keine reale Schatzkammer besitzen, so sollten Sie genauso Ihren Besitz und Ihre Verpflichtungen inventarisieren, um darüber einen genauen Überblick zu erhalten. Nicht bei allen von uns herrscht das totale Chaos in der Schatzkammer, aber wenn wir nicht wirklich ein Ordnungssystem entwickelt haben, dann fehlt uns der Überblick. Diesen zu gewinnen ist jetzt das Ziel. Einmal erstellt, müssen Sie diese Übersicht nur gelegentlich anpassen und abgleichen.

In großen Unternehmen beschäftigen sich ganze Abteilungen von hochbezahlten Spezialisten damit, so eine Kostenaufstellung über die Finanzsituation des Unternehmens anzufertigen. Das ist in einem großen Unternehmen natürlich hochkomplex, aber es ist eben auch unglaublich wichtig für die Entscheidungen der Unternehmensführung.

Und genauso sieht es auch in Ihrem Privatleben aus! Sie sind die Unternehmensführung Ihres Lebens und benötigen für Entscheidungen die richtigen Informationen. Sie haben aber einen entscheidenden Vorteil gegenüber Unternehmen: Für Sie ist es sehr viel einfacher, diese Übersicht zu gewinnen.

Zeit nehmen

Nehmen Sie sich ausreichend Zeit für diesen Schritt. Es ist am einfachsten, wenn Sie ihn ohne Unterbrechung erledigen. Sorgen Sie vorher dafür, dass Sie alle benötigten Informationen haben. Wenn Sie feststellen, dass Sie eine Neuordnung Ihrer Finanzunterlagen benötigen, dann erledigen Sie dies vorher.

Wie wir schon beim Rundgang durch die Schatzkammer festgestellt haben, geht es um die Inventarisierung folgender Bereiche:

- *Barwerte*
- *Anlagen und Investitionen*
- *Sachwerte*
- *Kredite und Zahlungsverpflichtungen*

Die genaue Beschreibung der Bereiche kommt gleich. Wenn Sie das für alle Sektionen erledigt haben, besitzen Sie anschließend eine Vermögensübersicht auf einer einzelnen Seite. Einige Werte sind dabei nur geschätzt, aber für den groben Gesamtüberblick ist das ausreichend.

Sie finden im Workbook eine Vorlage zur Erstellung der Vermögensübersicht. Natürlich eignet sich auch der Computer. In den Mehr-vom-Geld-Tools ist eine Vorlage zum Ausdrucken oder zur Verwendung am Computer enthalten. Aber Sie können gerne auch eine ganz eigene Übersicht erstellen.

Denken Sie auch in diesem Schritt daran, dass es nicht darum geht, wissenschaftliche Genauigkeit zu erreichen, sondern einen groben Überblick zu erhalten. Wenn Sie nicht alle Zahlen haben, dann tragen Sie zunächst Schätzwerte ein.

Erneut möchte ich Sie vorwarnen. Sie müssen sich durch den Dschungel Ihrer Finanzen schlagen. Je seltener Sie das bisher gemacht haben, umso schwieriger wird es nun. Je unangenehmer Ihnen das Thema bisher war, desto weniger Ordnung werden Sie in Ihren Unterlagen haben. Wenn Sie das ändern wollen, dann müssen Sie jetzt die Zähne zusammenbeißen und da durch. Sie müssen Ordnung schaffen.

Lassen Sie es mich ganz offen sagen: Wenn Sie diesen Schritt nicht sauber erledigen, dann machen die weiteren Schritte wenig Sinn. Gerade weil wir heutzutage nicht mehr nur mit Bargeld arbeiten, geht die Übersicht schnell verloren. Und ohne Übersicht können Sie nicht souverän entscheiden. Es geht einfach nicht.

Nehmen Sie sich daher genügend Zeit für die folgenden Aktivitäten und arbeiten Sie sich langsam durch. Sie müssen dies ja nur einmalig tun. Später muss die Vermögensübersicht zwar regelmäßig aktualisiert werden, aber es fällt wesentlich leichter als die erstmalige Erstellung.

Sie werden Informationen über alle Konten, Bezahlkarten, Anlagen und so weiter brauchen. Wenn Sie diese nicht komplett vorliegen haben – zum Beispiel weil Sie keinen aktuellen Kontoauszug haben - dann planen Sie die nächsten Schritte, um diese Informationen zu bekommen. Es ist wichtig, dass Sie möglichst einfach an Ihre aktuellen Kontoauszüge kommen. Am besten geht dies über Online-Banking.

Überflüssige Konten auflösen

Da es heute oft kostenlose Konten gibt, besteht die Gefahr, zu viele zu besitzen. Nutzen Sie die Gelegenheit und überprüfen Sie dies. Kündigen Sie alles, was Sie nicht benötigen.

Barwerte

Workbook-Aufgabe 6:

Nehmen Sie Ihr Workbook oder Ihre eigene Vorlage und erfassen Sie Ihre Barwerte wie hier beschrieben.

Der Bereich Barwerte umfasst alle „Orte", an denen Sie direkt verfügbares Geld haben. Es geht also um liquide Mittel. Üblicherweise sind dies:

- *Bargeld*
- *Girokonten*
- *Verrechnungskonten von Depots*
- *Geldkarten (z.B. für die Kantine oder der Chip auf der EC-Karte)*
- *Tagesgeldkonto*

Überlegen Sie genau, an welchen Orten und Konten Sie direkt verfügbares Geld haben. Das Tagesgeldkonto ist kursiv dargestellt, weil dies ebenso auch unter den Anlagen aufgeführt werden könnte. Wenn Sie das Tagesgeldkonto dazu nutzen, das Geld recht lange dort zu belassen, sollten Sie dies unter Anlagen aufführen; wenn Sie es dagegen nutzen, um Geld nur kurzfristig zu parken, dann ordnen Sie es den Barwerten zu.

Greifen Sie sich Ihre aktuellen Kontoauszüge, Ihre Geldbörse und was Sie sonst noch benötigen und zählen Sie Ihr Geld. Sie können es in die Tabelle im Workbook eintragen oder dies am Computer erledigen.

Ermitteln Sie für jede Position den Kontostand bzw. die Summe an Bargeld und übertragen Sie das Ergebnis in Ihre Tabelle. Erfassen Sie außerdem das aktuelle Datum und weitere Informationen wie z.B. die Kontonummer und Bankleitzahl. So haben Sie alle Details an einem Ort. Selbstverständlich sollten Sie NIEMALS Zugangsdaten und PINs zu Ihren Konten hier hinterlegen.

Hier ein Beispiel:

Bezeichnung	**Summe**	**Aktualisiert am**	**Weitere Informationen (Bank, Kto-Nr. u.ä.)**
Bargeld	451,25 €	25. Okt.	
Girokonto	1.234,17 €	25. Okt.	ABC-Bank, Kto. 12345678, BLZ 12345678
Tagesgeldkonto	4.500,00 €	25. Okt.	XYZ-Bank, Kto. 87654321, BLZ 98765432
Geldkarte	35,00 €	25. Okt.	
Summe Barwerte:	**6.220,42 €**		

Anlagen und Investitionen

Workbook-Aufgabe 7:

Im zweiten Schritt geht es um die Erfassung von Anlagen und Investitionen.

Was ist das eigentlich? Ganz einfach gesprochen: Immer wenn Sie Geld mit der Absicht hergeben, später mehr wieder zurück zu erhalten, dann ist dies eine Investition. Das investierte Geld ist nicht verfügbar, bis Sie es zurück erhalten. Abhängig von der Art der Investition kann es schwer sein, den aktuellen Wert der Investition zu bestimmen.

Sie werden daher ggf. mit Schätzwerten arbeiten müssen. Nehmen Sie aber einen aktuellen Wert. Wenn Sie zum Beispiel in einen Aktienfonds investiert haben, dann überlegen Sie nicht, welche Summe Sie eingezahlt haben, sondern was Ihr Anteil derzeit wert ist. Die Summe, die Sie eingezahlt haben, ist als Information auch wertvoll. Sie können Sie ebenfalls notieren. Doch um Ihren aktuellen Besitz zu beurteilen, zählt nur der aktuelle Wert.

Hier einige Beispiele für Investitionen:

- *Festgeldanlagen*
- *Fonds- und Aktienanlagen*
- *Vermietete Immobilien*
- *Lebensversicherungen*
- *Private Altersvorsorge*

Es geht hier nicht darum, sehr detaillierte Informationen zu den einzelnen Positionen zu ermitteln. Erst einmal ist nur wichtig, dass Sie einen Überblick bekommen, welche Anlagen Sie besitzen. Nach Möglichkeit sollten Sie deren derzeitigen Wert schriftlich festhalten. So können Sie einen sehr kompakten Überblick gewinnen. Diese Übersicht ist jedoch nicht als fortgeschrittene Verwaltung von Investitionen zu verstehen. Aber selbst wenn Sie ein aktiver Investor sind, können Sie von so einer komprimierten Veranschaulichung dennoch profitieren.

So kann Ihre Übersicht zum Beispiel aussehen:

Bezeichnung	Wert/Summe	Aktualisiert am	Weitere Informationen (ISIN, Kaufpreis, Kündigungsfrist u.ä.)
XYZ-Fonds	1.288,00 €	25. Okt.	Kaufpreis 1200,-
Festgeld DEF	2.000,00 €	25. Okt.	DEF-Bank, 5% Festgeld
Riester-Vertrag	1.800,00 €	25. Okt.	Eingezahlt: 1800 €
Summe Anlagen & Investitionen:	**5.088,00 €**		

Verstehen Sie die Summen und Produkte als fiktives Beispiel. Es ist an dieser Stelle keine Empfehlung für oder gegen eine bestimmte Investitionsform. Hier im Beispiel steht bei dem Riester-Vertrag die eingezahlte Summe als aktueller Wert. Solche Verträge sind sehr schwer mit einem aktuellen Wert zu versehen. Sie werden für einen sehr langen Zeitraum abgeschlossen. Unter der Voraussetzung, dass man nicht vorher kündigt, wird eine gewisse Mindestverzinsung garantiert. Wenn man aber vorher kündigen muss, erleidet man ggf. sogar Verluste. Gerade in den ersten Jahren haben diese Produkte einen Rückkaufswert (das ist das, was Sie bei Kündigung zurück erhalten), der weit unter den eingezahlten Summen liegt.

Sie erhalten von dem Anbieter üblicherweise Aufstellungen über die Wertentwicklung. Allerdings werden darin meistens nur Werte dargestellt, bei denen von einer ununterbrochenen Laufzeit ausgegangen wird. Wir haben hier ein gutes Beispiel, warum unsere Finanzsituation heute so komplex ist. Eine Lebensversicherung oder ein Riester-Vertrag sind sehr komplizierte Produkte.

Es geht in diesem Buch nicht darum, Riester-Verträge oder andere Finanzprodukte zu erläutern. Ich möchte Sie aber ermutigen, sich damit zu befassen. Näheres dazu finden Sie im Kapitel 12.

Bedenken Sie genau, was für einen Wert Sie bei diesen Produkten eintragen. Der Rückkaufswert ist der „ehrlichste", denn bei einer Kündigung zum jetzigen Zeitpunkt würden Sie diese Summe erhalten. Unter der Annahme, dass Sie den Vertrag fortführen, können Sie hier aber höhere Summen eintragen. Schauen Sie nach, ob Ihre Versicherungen Ihnen kürzlich eine Aufstellung über die Wertentwicklung zugeschickt hat.

Diese Übersicht hat nicht den Anspruch, exakt und perfekt zu sein. Es ist ja auch nur für Sie. Und wenn Sie bei der Erstellung feststellen, dass Sie Anlageprodukte haben, die Sie nicht verstehen, dann ist schon viel erreicht. Nehmen Sie das zum Anlass, sich darüber zu informieren. Sie sollten nur Anlagen und Investitionen besitzen, von denen Sie zumindest das Grundprinzip gut verstanden haben.

Sie können bei solchen Produkten den Wert auch einfach leer lassen. Wenn Sie für eine private Zusatzrente sparen, die im Rentenalter monatlich ausgezahlt wird, dann lässt sich sogar niemals ein Wert ermitteln. Ich empfehle Ihnen aber, diese Produkte trotzdem in Ihre Übersicht aufzunehmen. Sie zahlen über viele Jahre viel Geld in diese Produkte ein. Es ist wichtig, dass Sie sie im Blick behalten und möglichst gut verstehen.

Sachwerte

Workbook-Aufgabe 8:

Der dritte Block der Finanzübersicht ist für die persönlichen Sachwerte vorgesehen.

Hierbei handelt es sich um alle Werte, die Sie nicht als Investition, sondern zur persönlichen Nutzung gekauft haben. Beschränken Sie sich hier auf größere Werte. Typische Beispiele sind:

- *Selbstgenutzte Wohnung, Haus und Grundstück*
- *Auto*
- *Wertvolle Schmuckstücke, Erbstücke*

Weitere Einträge können hochwertige Gegenstände aus Ihrem Besitz sein, z.B. ein Bild oder ein Möbelstück. Erfassen Sie hier nicht Ihren gesamten Hausstand und keine Dinge, die Ihnen persönlich viel bedeuten, sondern beschränken Sie sich auf die Sachwerte über einem bestimmten Wert, von denen Sie sich gegebenenfalls eines Tages wieder trennen. Wo Sie die Grenze ziehen, sollten Sie selbst entscheiden.

Es geht erneut nur darum, dass Sie auch in diesem Bereich einen Überblick erhalten. Hier können Sie den Wert ebenfalls einfach nur schätzen. Oder Sie lassen den Wert bei einzelnen Dingen einfach leer. Anstatt eine sehr ungenaue Schätzung einzutragen, ist dies manchmal der bessere Weg. Bei den Sachwerten haben Sie ja üblicherweise nicht die Absicht, diese zu verkaufen (in diesem Moment). Daher kann es ausreichend sein, einfach eine Übersicht ohne genauen Wert zu haben.

Beispiel:

Bezeichnung	geschätzer Wert	Aktualisiert am	Weitere Informationen
Haus	250.000,00 €	25. Okt.	
Auto	15.000,00 €	25. Okt.	
Summe Sachwerte:	**265.000,00 €**		

Wenn Sie einen Wert eintragen, dann betrügen Sie sich nicht selbst. Gerade beim Auto oder Haus geht man gerne von zu hohen Werten aus.

Zahlungsverpflichtungen

Workbook-Aufgabe 9:

Der schwarze Schreibtisch vorne rechts in unserer Schatzkammer war für die Verwaltung der Zahlungsverpflichtungen – auch Verbindlichkeiten genannt - vorgesehen. Diese in Ihre Übersicht aufzunehmen ist nun der letzte Schritt.

Wie auch bei den Sachwerten müssen Sie hier ganz für sich entscheiden, was Sie mit aufnehmen und was nicht. Ich empfehle, dass Sie alle monatlichen Kosten für das alltägliche Leben nicht mit aufnehmen. Damit meine ich zum Beispiel die Miete oder die Grundgebühr für den Telefonanschluss. Das sind streng genommen auch Zahlungsverpflichtungen, aber Sie gehören zu den Ausgaben des alltäglichen Lebens. Diese verwalten Sie im Geldjournal und der zusätzlichen Vertragsverwaltung. Das wird im Kapitel 5 ausführlich behandelt.

Hier in der Übersicht geht es um Kredite, Schulden jeder Art und größere Einmalzahlungen in der Zukunft. Falls Sie etwas auf Raten gekauft haben, denken Sie darüber nach, ob Sie dies hier aufführen möchten oder dies nur in den Monatsausgaben erfassen.

Eine Sonderstellung in der Finanzübersicht haben Kreditkarten. Es gibt mittlerweile sehr viele verschiedene Kreditkartentypen. In Deutschland wird üblicherweise die Kreditkarte als reines Zahlungsmittel genutzt und nicht, um einen Kredit zu erhalten. Es werden dann monatlich alle getätigten Ausgaben ohne zusätzliche Kosten (außer einer einmaligen Jahresgrundgebühr)vom Girokonto abgebucht. Es gibt aber auch Kreditkarten, bei denen man die Ausgaben erst sehr viel später zurückzahlt, also einen Kredit in Anspruch nimmt. Dann zahlt man aber auch hohe Zinsen.

Wenn Sie die Kreditkarte nur als Zahlungsmittel nutzen, können Sie die Karte bei den Barwerten aufführen. Alles, was Sie mit der Karte bezahlt haben, aber noch nicht abgebucht wurde, ist ja bereits ausgegebenes Geld. Also behandeln Sie es auch als schon ausgegeben. Tragen Sie dazu die Summe als negativen Wert bei den Barwerten ein.

Beispiel Kreditkarte als Negativsumme bei den Barwerten:

Bezeichnung	Summe	Aktualisiert am	Weitere Informationen (Bank, Kto-Nr. u.ä.)
Bargeld	451,25 €	25. Okt.	
Girokonto	1.234,17 €	25. Okt.	ABC-Bank, Kto. 12345678, BLZ 12345678
Tagesgeldkonto	4.500,00 €	25. Okt.	XYZ-Bank, Kto. 87654321, BLZ 98765432
Geldkarte	35,00 €	25. Okt.	
Kreditkarte	-453,00 €	25. Okt.	
Summe Barwerte:	**5.767,42 €**		

Wenn Sie die Kreditkarte nutzen, um einen Kredit zu erhalten, sollten Sie die ausstehenden Beträge bei den Zahlungsverpflichtungen aufführen.

Summieren

Nun haben Sie in vier Bereichen einzelne Werte erfasst. Der abschließende Schritt ist nun einfach: Summen bilden und das Gesamtvermögen ausrechnen.

Workbook-Aufgabe 10:

Bilden Sie für die vier Bereiche die Summe. Errechnen Sie anschließend Ihr Gesamtvermögen.

Fertig. Herzlichen Glückwunsch! Sie haben nun auf einen Blick eine Gesamtaufstellung über Ihre Vermögenssituation. Sie ist stark zusammengefasst und nicht absolut genau, aber das ist für unseren Zweck auch nicht erforderlich.

Was bringt mir das?

Wenn Sie in der Vergangenheit Ihre Finanzen nicht intensiv analysiert haben, dann ist es wahrscheinlich das erste Mal, dass Sie so eine kompakte Übersicht auf einem Blatt stehen haben.

Was bringt Ihnen nun diese Übersicht? Sie ist an dieser Stelle nicht dazu da, um nach einer Formel zu bewerten, ob Sie sparsam sind oder über Ihre Verhältnisse leben. Die Vermögensübersicht gibt Ihnen die Grundinformationen über Ihre finanzielle Situation. Sie ist wesentlich, wenn Sie Entscheidungen über größere Ausgaben treffen. Sie kann auch dazu herangezogen werden, um finanzielle Ziele zu definieren.

Und Sie wird im Rahmen des Überwachungsprozesses monatlich aktualisiert werden, um immer ein aktuelles Bild vor Augen zu haben. Die Barwerte geben Ihnen Auskunft über das gerade verfügbare Kapital und die Zahlungsverpflichtungen geben einen Ausblick auf kommende Zahlungen. Auch die Werte der Investitionen haben Sie so im Blick.

Schauen Sie die Resultate ein paar Minuten an. Gibt es Überraschungen? In welchem Verhältnis stehen die einzelnen Bereiche zueinander? Sind Sie zufrieden? Falls die Vermögensübersicht eine unangenehme Überraschung für Sie darstellt, lassen Sie sich jetzt erst recht nicht entmutigen. Sie sind dabei, Ihre finanzielle Situation zum Positiven zu verändern! Eine klare Übersicht ist der erste Schritt dazu.

Das Kapitel auf einen Blick:

- *In diesem Kapitel haben Sie Ihre Schatzkammer geordnet und inventarisiert. Dazu haben Sie Ihr Vermögen in vier Bereiche aufgeteilt und gezählt.*
- *Die vier Bereiche waren: Barwerte, Anlagen/Investitionen, Sachwerte und Schulden/Zahlungsverpflichtungen.*
- *Durch die Summierung der vier Bereiche konnten Sie Ihr Gesamtvermögen errechnen.*
- *Sie haben nun eine Kompaktübersicht über Ihre Vermögenssituation.*

5 VERTRÄGE: BEHALTEN SIE IHRE FINANZIELLEN VERPFLICHTUNGEN IM BLICK

Darum geht es in diesem Kapitel:

- *Verträge, Verträge: schnell abgeschlossen, schwer gekündigt*
- *Ordnen, kategorisieren, auflisten: nicht spannend, aber Grundlage für finanzielle Erfolg*
- *Wie Sie Ordnung in Ihre Vertragswelt bringen*

Unternehmen lieben es, Ihnen Verträge jeder Art zu verkaufen. Sie locken mit Prämien und niedrigen monatlichen Gebühren und verschweigen die langen Laufzeiten und möglichst restriktiven Kündigungsbedingungen. Und sie spekulieren darauf, dass Sie es übersehen, rechtzeitig zu kündigen und der Vertrag daher noch lange weiterläuft.

Wenn man Ihnen Prämien im Wert eines gesamten Jahres für ein Zeitschriftenabonnement bietet, dann liegt das nicht daran, dass man Ihnen eine besondere Freude bereiten will. Dahinter steckt die Statistik, dass genügend Personen jahrelang Abonnenten bleiben, auch wenn sie die Zeitschrift schon lange nicht mehr lesen.

Das gleiche gilt für Handy-Verträge, Versicherungen, Mitgliedschaften und vieles mehr. Abonnements sind dadurch nicht unseriös, doch man sollte genau schauen, was man wirklich haben möchte.

Sie sollten vermeiden, dass Sie für Verträge jeglicher Art bezahlen, wenn Sie an deren Leistung nicht mehr interessiert sind oder diese woanders günstiger bekommen könnten. Auch sollten Sie immer einen Überblick haben, welche Summen Sie für die verschiedenen Verträge ausgeben. Manch günstig erscheinender Kleinvertrag kann sich auf das Jahr betrachtet als relativ teuer erweisen.

Wo immer es möglich ist, verzichten Sie auf eine vertragliche Bindung. Wenn ein Vertrag geschlossen werden muss, beachten Sie die Laufzeit und die Kündigungsfristen. Lassen Sie sich niemals von Prämien allein zu einem Vertragsabschluss motivieren. Gerade lang laufende Verträge für Pay-TV, Handy, Telefon, Zeitschriften, Mitgliedschaften auf Webseiten und weiteres führt zu hohen Grundausgaben in vielen Haushalten.

Statt im Supermarkt nach den Angeboten zu schauen, um einige Cents zu sparen oder beim Tanken nach der günstigeren Tankstelle zu suchen, sollten Sie Ihre Zeit lieber sinnvoll für die Vertragsoptimierung verwenden. Zugegeben, die spannendste Angelegenheit ist das nicht. Denken Sie an das Ziel dabei: Ihr verdientes Geld sollen nur diejenigen bekommen, die Ihnen dafür auch einen guten Mehrwert liefern. Aber das Geld soll bestimmt nicht für ungewünschte oder überteuerte Verträge draufgehen!

Das wird sich bei Ihnen jetzt aber ändern! Abhilfe schafft eine Übersicht, die Sie regelmäßig kontrollieren und aktualisieren können (mehr zur Aktualisierung in Teil II). Der dritte und letzte Schritt in Teil I ist die Erstellung einer Vertragsübersicht. Damit lässt sich viel Geld und Ärger sparen. Bezahlen Sie nur für das, was Sie wirklich wollen. Verträge zu kündigen ist eine Angelegenheit von einigen Minuten.

Vertragsübersicht: Die Vorbereitungen

Jetzt geht es darum, eine Übersicht über die Verträge zu erstellen. Dann können Sie in Zukunft auf einen Blick erkennen, wo Handlungsbedarf besteht. Auch haben Sie einen Eindruck, welche Summen Sie für die verschiedenen Verträge ausgeben.

Wie schon in vorangegangenen Kapiteln ist es auch hier erforderlich, einmalig etwas mehr Zeit zu investieren, um alle Informationen zusammen zu tragen. Je nachdem, wie gut Ihre Papiere geordnet sind, wird das entweder schwer oder relativ einfach.

Gerade wenn Sie eine eher chaotische oder eventuell sogar überhaupt keine Ablage haben, ist dieser Schritt unglaublich wichtig für Sie!

Warum? Wenn Sie wenig Ordnung in Ihren Papieren haben, dann wird das daran liegen, dass Sie sich damit nicht gerne befassen. Sie empfinden diese Arbeit als langweilig, vielleicht auch als überflüssig oder sogar unangenehm. Das Durcheinander wird Ihre Abneigung nur verstärken.

Aber dadurch sind Sie gerade besonders gefährdet, wichtige Kündigungstermine zu verpassen und unnötig Geld zu verschwenden. Sie geben das Geld dann nämlich nicht einmal persönlich aus, sondern es wird Ihnen einfach genommen – abgebucht und weg ist es.

Motivieren Sie sich daher zu dem wichtigen Schritt, Übersicht in die Verträge zu bringen. Es wird Sie ggf. einen ganzen Tag kosten, vielleicht sogar mehr, aber es lohnt sich und anschließend fällt Ihnen der Umgang mit Ihren finanziellen Unterlagen umso leichter.

Nehmen Sie sich genügend Zeit. Sie werden hier wahrscheinlich sehr viele Papiere zusammen suchen müssen. Vielleicht fehlen Ihnen auch diverse Belege. Sehen Sie das als Zeichen, dass Sie dringend Ordnung in Ihre Vertragswelt bringen müssen! Wenn Ihnen Nachweise fehlen, dann besorgen Sie sich diese.

Geben Sie nicht eher Ruhe, als bis Sie eine vollständige Übersicht haben. Ansonsten werden immer andere von Ihrem fehlenden Überblick profitieren.

Workbook-Aufgabe 11:

Im ersten Schritt geht es darum, alle Verträge aufzulisten und die Informationen zusammen zu suchen. Listen Sie alle Ihnen bekannten Verträge in dem Workbook auf. Völlig ungeordnet, einfach hintereinander. Schauen Sie sich Ihre Kontoauszüge der letzten Monate und vom Jahreswechsel an. Dort finden Sie unter Umständen noch Abbuchungen von Verträgen, die Sie vergessen haben. Ergänzen Sie Ihre Auflistung entsprechend.

Suchen Sie sich nun zu allen Verträgen die Unterlagen zusammen, aus denen Beiträge, Kündigungsfristen und –termine hervorgehen. Wenn Sie keine sinnvolle Ordnung in Ihren Papieren haben, dann können Sie die Gelegenheit nutzen und neue Ordnung schaffen. Sparen Sie nicht an Ordnern, Mappen, Registern und ähnlichem. Wenn Ihnen Unterlagen fehlen, dann fordern Sie die Informationen von den Unternehmen an.

Vertragsübersicht: Die erstmalige Erstellung

Wenn alle Papiere beisammen sind, dann können Sie die eigentliche Liste erstellen. Sie können dafür das Vertragstool aus den Mehr-vom-Geld-Tools nutzen oder sich eine eigene Übersicht erstellen. Das Mehr-vom-Geld-Vertragstool hat den Vorteil, die vielen Informationen kompakt und übersichtlich zusammen zu stellen und gleichzeitig Übersichten und Auswertungen zu generieren.

Im Workbook ist die Druckversion des Mehr-vom-Geld-Vertragstools enthalten. Hier sind natürlich keine automatischen Auswertungen oder Summen enthalten. Aber für die erstmalige Erstellung ist die Papierversion durchaus empfehlenswert. Denn wenn Sie mit den ganzen Vertragsunterlagen am Schreibtisch sitzen, ist das Workbook einfacher daneben zu legen, als parallel am Computer zu arbeiten. Mein Tipp ist daher, dass Sie das Workbook für die initiale Erfassung nutzen und später in den Computer übertragen.

Workbook-Aufgabe 12:

Erstellen Sie die Vertragsübersicht mit folgenden Informationen:

1. Entscheiden Sie zunächst, welche Verträge Sie in der Übersicht verwalten möchten. Müssen Sie zum Beispiel Ihren Mietvertrag mit aufnehmen? Die Kosten dafür kennen Sie aus den monatlichen Zahlungen und ohne Umzug können Sie daran nichts ändern. Auch Verträge, die keine laufenden Kosten verursachen, wie z.B. Prepaid-Handy-Karten, müssen nicht unbedingt aufgenommen werden. Wichtig sind vor allem Verträge mit Kündigungsfristen und laufenden Kosten.

2. Tragen Sie zu jedem Vertrag folgende Informationen in die Liste ein:

a. Vertragsbeginn
b. Mindestlaufzeit
c. Vertragsende (unbefristet oder konkreter Ablauftermin?)
d. Zahlungsweise (z.B. monatlich, jährlich...)
e. Kosten (wie hoch ist Ihre jeweilige Zahlung?)
f. Kündigungsfrist (z.B. 3 Monate zum Vertragsende)
g. Automatische Verlängerung (wie lange verlängert sich der Vertrag, wenn er nicht fristgerecht gekündigt wird?)
h. Nächster Kündigungstermin

Sie können sich natürlich dafür entscheiden, einzelne Informationen wegzulassen oder andere zu ergänzen. Sehen Sie alles als einen Vorschlag meinerseits und nehmen Sie entsprechende Anpassungen an Ihre Wünsche und Bedürfnisse vor.

Erste Auswertung

Das Ziel der Vertragsübersicht ist die Erkenntnis, welche Summen Sie für Ihre Verträge ausgeben – im Einzelnen und als Gesamtsummen, damit Sie dieses Wissen als Grundlage für eine Vertragsoptimierung nutzen können.

Wahrscheinlich werden Sie erstaunt sein, wie viele Verträge Sie besitzen. Und auch wenn es bei der Mehrheit um kleinere Beträge geht, kann da insgesamt einiges zusammen kommen.

Wenn Sie das Mehr-vom-Geld-Vertragstool nutzen, haben Sie die Übersichten bereits nach der Erfassung fertig. Wenn Sie auf dem Papier arbeiten, dann rechnen Sie nun zumindest grob die monatlichen oder jährlichen Ausgaben für Verträge aus. Wenn Sie sehr viele Verträge abgeschlossen haben, können Sie diese auch kategorisieren und die Kategorien einzeln betrachten. Das Mehr-vom-Geld-Vertragstool unterstützt auch hierbei. Selbstverständlich ist es empfehlenswert, die Kategorien aus dem Geldjournal hier wieder zu verwenden. Falls sinnvoll, können Sie hier noch eine feinere Unterteilung vornehmen.

In jedem Haushalt findet sich Optimierungspotenzial bei den Verträgen. Oft kann dort sehr viel Geld eingespart werden. Überlegen Sie, welche Verträge Sie vielleicht nicht mehr benötigen und kündigen Sie diese umgehend. Wenn Sie vermuten, dass es günstigere Alternativen gibt, dann recherchieren Sie das und wechseln, wenn es sinnvoll ist.

Vertragsoptimierung ist ein laufender Prozess. Dieser kann mit viel Zeitaufwand verbunden sein, aber er ist unglaublich wichtig. Es geht meistens um größere Summen als im Supermarkt und vor allem um regelmäßige Zahlungen. Ein Monatsbeitrag von 9,90 € klingt erst einmal nicht viel, aber bei 24 Monaten sind dies schon knapp 240 €. Kommen mehrere solcher Verträge zusammen, könnten Sie sich davon schon einen Urlaub leisten.

Schauen Sie sich also Ihre Verträge sowie die auflaufenden Summen an und überlegen Sie, wo Sie tätig werden wollen. Und wenn Sie keinen Handlungsbedarf sehen, dann ist diese Übersicht trotzdem sehr wichtig, damit Sie Ihre durch Verträge geregelten Fixkosten genau kennen.

Etappenziel erreicht

Super! Wenn Sie so weit gekommen sind, dann wird der Rest des Buches ein Kinderspiel! Teil I ist erledigt und die Grundlage für das Geldmanagementsystem ist gelegt. Sie haben nun einen Plan, in welchen Kategorien Sie Ihre Geldbewegungen überwachen wollen. Aufgrund der kompakten Vermögensübersicht kennen Sie Ihren Besitzstand jetzt ganz genau und Sie haben einen Überblick über Ihre vertraglichen Verpflichtungen.

Belohnen Sie sich dafür. Feiern Sie, gönnen Sie sich etwas Besonderes. Ein wichtiges Etappenziel ist erreicht. Sie sind dabei, den Königsthron im Land Ihrer Finanzen zu besteigen. Ihre finanziellen Feinde fürchten sich – und das zu Recht! Denn Sie werden Ihnen keine Chance mehr geben, ungerechtfertigt und unbemerkt an Ihr Geld zu gelangen.

Das Kapitel auf einen Blick:

- *Verträge sind schnell abgeschlossen und meistens wesentlich schwerer wieder gekündigt. Eine Übersicht zu haben, ist daher unglaublich wichtig.*
- *Sie haben in diesem Kapitel eine Liste aller Ihrer Verträge erstellt und die wesentlichen Informationen zu den Verträgen zusammengetragen.*
- *Sie wissen nun, was Sie monatlich/jährlich für die Verträge ausgeben und können entscheiden, wo Sie etwas verändern möchten.*

TEIL 2

TEIL II

Willkommen zum zweiten Teil. Bevor es losgeht, stelle ich Ihnen eine offene Frage: Haben Sie Teil I wirklich durchgearbeitet? Wenn nicht, dann finden Sie hier die Abkürzung zurück:

- *Kapitel 3: Erstellung der Kategorienliste*
- *Kapitel 4: Erstellung der Vermögensübersicht*
- *Kapitel 5: Erstellung der Vertragsübersicht*
- *Feier des erfolgreichen Abschlusses von Teil I*

Es ist wichtig, dass Sie Teil I erledigt haben, bevor Sie Teil II beginnen. In Teil II geht es darum, einen Geldmanagementprozess zu etablieren. Die Schritte in Teil I waren einmalig durchzuführen. Im Gegensatz dazu ist der in Teil III beschriebene Prozess für die fortwährende Anwendung gedacht. Umso wichtiger ist es, dass er möglichst einfach und bequem zu erledigen ist. Ziel ist, dass Sie mit wenig Aufwand alle Informationen zu Ihrer Finanzsituation aktuell halten und regelmäßig optimieren. Dazu gehört das bereits erläuterte Geldjournal. Die dazu notwendigen Aktivitäten werden in den folgenden Kapiteln ausführlich erklärt.

Ich vergleiche das gerne mit einem Kochbuch. In einem guten Kochbuch ist ein Rezept so genau beschrieben, dass man ein Gericht erfolgreich kochen kann, auch wenn man es vorher noch nie gekocht hat und einem niemand persönlich die Zubereitung zeigt. Man muss die Zutaten und einzelnen Kochabschnitte nicht selbst erfinden, sondern kann der Anleitung folgen.

Es kann natürlich passieren, dass der erste Versuch nicht perfekt gelingt und die Durchführung kann einem das Kochbuch auch nicht abnehmen. Aber beim zweiten, spätestens beim dritten Versuch hat man es heraus und benötigt das Rezept gar nicht mehr. Und man entwickelt seine ganz eigene Note.

Genauso verhält es sich im Umgang mit dem eigenen Geld. Es werden einfache Handlungsweisen beschrieben, die Sie sofort umsetzen können.

Wichtig ist, dass Sie diese gut in Ihren Alltag integrieren. Manche Details müssen Sie ganz individuell für sich festlegen.

Der Geldmanagementprozess besteht aus drei Schritten, die in den folgenden Kapiteln im Detail erläutert werden:

1. Erfassen

Dieser Schritt dient dazu, Ihre laufenden Ausgaben und Einnahmen einfach und effizient zu erfassen. Im Kapitel 6 wird dies im Detail beschrieben und verschiedene Varianten vorgestellt.

Zeitbedarf eines normalen Privathaushaltes: täglich 2-5 Minuten

2. Aktualisieren

Dieser Schritt überführt die erfassten Ausgaben und Einnahmen und weitere Geldbewegungen (auf Bankkonten und durch Kreditkarten) in das Geldjournal. Ob das Geldjournal per Software oder in Papierform verwaltet wird, legen Sie fest. Im Kapitel 7 werden verschiedene Möglichkeiten dargestellt.

Zeitbedarf eines normalen Privathaushaltes: wöchentlich ca. 30-45 Minuten

3. Entscheiden

Der Entscheidungsschritt ist quasi die Sitzung Ihres Finanzvorstandes.

Sie analysieren Ihre Finanzlage, aktualisieren die Vermögensübersicht sowie Vertragsverwaltung und entscheiden, wo Optimierungspotenzial besteht. Das Kapitel 8 führt Sie durch diesen Schritt.

Zeitbedarf eines normalen Privathaushaltes: monatlich ca. 1 – 2 Stunden

Der Zeitbedarf ist natürlich nur eine ungefähre Schätzung und soll Ihnen vor allem einen darüber Eindruck vermitteln, dass Sie nicht sehr viel Zeit investieren müssen, wenn das System erst einmal funktioniert.

Noch mal zum Geldjournal: im Kapitel 2 Sie habe ich dargestellt, dass das Geldjournal als weiterentwickeltes Haushaltsbuch zu verstehen ist. Wie das konkret aussieht haben wir noch nicht geklärt und das ist für diesen Teil auch nicht entscheidend. Stellen Sie sich erst mal ein Haushaltsbuch vor, in dem monatsweise in bestimmten Kategorien Ausgaben und Einnahmen erfasst werden. In der Dokumentation der Mehr-vom-Geld-Tools ist das Geldjournal im Detail erläutert. Dies können Sie entweder nutzen oder als Beispiel nehmen, um Ihre eigene Version mit einem Haushaltsbuchprogramm oder anderen Mitteln umzusetzen.

Das gesamte Geldmanagement-System basiert auf dem oben erläuterten Drei-Schritte-Prozess. Dieser Prozess ist völlig unabhängig von den Tools und Hilfsmitteln, die Sie verwenden. Das macht ihn so flexibel und für jede Situation einsetzbar. Die Entscheidung darüber, welche Hilfsmittel Sie einsetzen möchten, liegt ganz bei Ihnen. Ich werde Ihnen verschiedene Möglichkeiten aufzeigen. Experimentieren Sie damit und finden Sie heraus, was Ihnen am besten liegt.

Und nun geht's in die Küche, der Kochkurs beginnt!

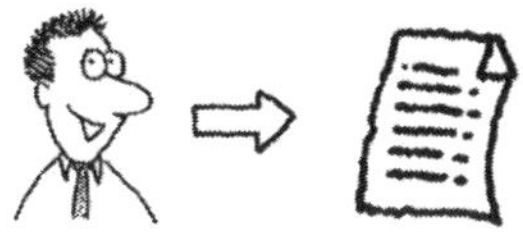

6 ERFASSEN: TAGEBUCH ÜBERS GELD FÜHREN

Darum geht es in diesem Kapitel:

- *Geldbewegungen erfassen: es gibt mehrere Möglichkeiten*
- *Wie Sie mit wenig Aufwand die Erfassung in Ihren Alltag integrieren*

Dieses Kapitel schafft die Grundlage für das Geldmanagement-System, denn hier geht es darum, wie Sie die Informationen sammeln, die Sie später für alle weiteren Schritte benötigen. Das ganze System kann ohne diesen Schritt nicht funktionieren. Da Sie diesen Schritt täglich durchführen sollten, ist es umso wichtiger, dass er mühelos und praktisch ist.

Was ist also unter „Erfassen" zu verstehen? Wie schon erläutert geht es darum, jede Einnahme und Ausgabe zu erfassen. Warum? Das mag übertrieben und drastisch klingen, aber alles andere wäre eine „halbe Sache" mit wenig Mehrwert.

Benjamin Franklin sagte einmal:

*Hütet euch vor den kleinen Ausgaben;
auch ein kleines Leck versenkt ein großes Schiff!*

Dieses Zitat drückt sehr gut aus, warum viele Menschen immer wieder unangenehme Überraschungen auf Ihrem Kontoauszug erleben. Es sind gerade die kleinen Ausgaben, die sich über mehrere Wochen zu großen Beträgen summieren. Um Ihre Ausgaben souverän zu kontrollieren, benötigen Sie gerade auch über die kleinen Ausgaben einen guten Überblick.

Und glauben Sie mir: Wenn Sie bisher kein perfektes System zur Kontrolle Ihrer Finanzen gefunden haben, dann werden Sie es sicherlich nicht entdecken, wenn Sie nur halbherzig an die Sache herangehen. Es geht nicht darum, auf den Cent genau zu arbeiten wie eine professionelle Buchhaltung. Es geht auch nicht darum, jeden Artikel eines Einkaufs einzeln zu erfassen. Wichtig ist aber, dass Sie täglich Ihre Ausgaben in den einzelnen Kategorien notieren. Ebenso die Einnahmen.

Dass das mit sehr wenig Aufwand möglich ist, zeige ich Ihnen gleich. Ich stelle Ihnen mehrere Methoden zur Durchführung der Erfassung vor. Lesen Sie am besten erst mal den gesamten Teil II durch und denken Sie dann darüber nach, was für Sie am besten passt. Lassen Sie sich von dem Gedanken an die Erfassung nicht schocken. Es geht nicht nur darum, dass Sie eine genaue Übersicht über Ihre Geldbewegungen erhalten, sondern auch darum, dass Sie Ihre Einstellung zu Geld „verfeinern".

Was ist damit gemeint? Wenn Sie jede Ausgabe und Einnahme erfassen, dann werden Sie viel bewusster mit Geld umgehen. Sie werden Ihren Umgang mit Geld viel aktiver beobachten und öfter darüber nachdenken. Das ist ein sehr wichtiger Prozess, um finanziell erfolgreich zu werden. Welche psychologischen und emotionalen Hürden dabei auftreten können und was man dagegen tun kann, ist in Teil III beschrieben.

Sehen Sie die Erfassung der Geldbewegungen als die großartige Chance, Ihre Einstellung zu Geld zu verbessern und gleichzeitig Ihre finanzielle Situation im Detail kennen zu lernen.

Grundsätzliche Regeln zum Erfassen

Sie haben ja bereits Ihre Kategorien für die Erfassung festgelegt. Auf diese kommen wir jetzt zurück. Es geht nun darum, dass Sie in Zukunft sämtliche Einnahmen und Ausgaben erfassen und einer Kategorie zuordnen. Das Grundprinzip ist dabei einfach, aber der Teufel steckt im Detail.

Daher sind in diesem Abschnitt einige Regeln erläutert, die Sie beim Erfassen beachten sollten. Bitte lassen Sie sich hier nicht verwirren. Einmal verstanden ist es eine ganz einfache Geschichte. Diese Regeln sind notwendig, da wir sehr viele Zahlungsmittel und Zahlungsarten kennen. Lesen Sie daher diesen Abschnitt mehrmals und überdenken Sie das Gelesene. Übertragen Sie die Regeln auf Ihre Situation.

Streben Sie in jedem Fall die Reduktion Ihrer Zahlungsmittel auf ein Minimum an und setzen Sie diese sinnvoll ein. Sie sollten also nicht mehrere Kreditkarten und EC-Karten besitzen und diese wahllos benutzen. Jede Karte sollte einen konkreten Einsatzzweck haben und auch nur dafür genutzt werden.

Was ist also das „Erfassen"? Es geht darum, dass Sie alle aktiven Zahlungsvorgänge eines Tages notieren und einer Kategorie zuordnen. Damit ist natürlich noch nicht Ihr gesamter Geldverkehr erfasst, denn auf Ihrem Konto werden Abbuchungen und Daueraufträge automatisch durchgeführt und Ihr Gehalt wird wahrscheinlich auch auf Ihr Konto überwiesen. Dieser „passive" Zahlungsverkehr wird später berücksichtigt. Für das Erfassen sind nur die Ausgaben und Einnahmen relevant, die Sie selbst aktiv durchführen. Ein paar Beispiele:

- *Sie bezahlen in Geschäften, Restaurants*
- *Sie führen eine Überweisung durch*
- *Ein Freund gibt Ihnen geliehenes Bargeld zurück*

Welches Zahlungsmittel Sie verwenden, ist nicht relevant – Sie sollten alles erfassen. Dabei geht es natürlich nur darum, die Gesamtausgaben je Kategorie zu notieren – nicht um Einzelausgaben! Wenn Sie zum Beispiel für 35,80 € Lebensmittel einkaufen und anschließend zum Bäcker gehen und dort noch für 4,00 € Brot kaufen, dann können Sie die Ausgabe von 35,80 € + 4,00 € = 39,80 € der Kategorie *Lebensmittel* zuordnen. Und wenn Sie es nicht so genau wissen wollen, dann runden Sie die 39,80 € auf 40,00 € auf.

Alternativ: Kartenzahlungen vom Kontoauszug übertragen

Es gibt auch die Möglichkeit, die Zahlungen mit einer Karte nicht direkt zu notieren, sondern diese später vom Kontoauszug zu übertragen. Das funktioniert aber nur, wenn Sie auf dem Auszug erkennen können, um welche Zahlung es sich handelt und zu welcher Kategorie sie gehört. Wenn Sie dort eine große Abbuchung vorliegen haben, die sich über 4 Kategorien verteilt, dann funktioniert dies nicht. Überlegen Sie genau, wann Sie ggf. Kartenzahlungen nicht notieren. Sie haben dann später mehr Arbeit bei der Übertragung von Kontobewegungen. zu finden.

Legen Sie selbst fest wie genau Sie es notieren wollen und wie stark Sie runden bzw. vereinfachen. Es geht wie schon erwähnt nicht um eine auf den Cent exakte Buchhaltung. Wichtig ist, dass Sie die Ausgaben und Einnahmen den Kategorien zuordnen. Notieren Sie daher jeweils:

- *Die Summe der Ausgabe/Einnahme*
- *Die Kategorie*
- *Das Zahlungsmittel, sofern nicht Bargeld*
- *Das Datum*
- *Optional noch eine Notiz*

Je mehr Kategorien Sie haben, desto mehr Erfassungen müssen Sie vornehmen. Daher habe ich in Kapitel 2 so vor einer übertrieben ausgeprägten Kategoriendefinition gewarnt. Im weiteren Text ist vor allem von der Ausgabenerfassung die Rede, denn Bar-Einnahmen haben nur wenige Personen. Aber wenn Sie Bargeld erhalten, dann ist dies ebenso bei der Erfassung zu berücksichtigen, denn es handelt sich um einen „aktiven Zahlungsvorgang ".

Bis hierhin war es einfach. Wenn Sie durch Ihren Alltag gehen, sollten Sie also jeden vorgenommenen Zahlvorgang entweder sofort oder möglichst bald notieren. Ein paar weitere Details sind aber noch zu beachten:

- *Notieren Sie keine „Umbuchungen". Umbuchungen sind Geldbewegungen zwischen Ihren Zahlungsmitteln, z.B. Bargeldabhebungen, Aufladen der Geldkarte, Überweisungen von einem Ihrer Konten auf ein anderes eigenes Konto. Dabei handelt es sich weder um Ausgaben noch um Einnahmen. Das Geld bleibt in Ihrem Besitz und daher wird nichts erfasst.*
- *Behandeln Sie den Geldchip auf der EC-Karte oder andere aufladbare Geldkarten (wie viele Kantinen sie einsetzen) wie Bargeld.*
- *Notieren Sie die Ausgabe sofort, auch wenn Sie erst später vom Konto abgebucht wird. Die Ausgabe ist getätigt und wird daher erfasst. Ausnahme: Sie nutzen ganz bewusst eine Kreditkarte, um einen Kredit zu erhalten und erst wesentlich später zu bezahlen.*
- *Ratenzahlungen/Kredite: Wenn Sie einen Ratenkauf machen oder einen Kredit aufnehmen (ob über die Kreditkarte oder auf anderem Weg ist unwichtig), dann erfassen Sie nur die aktuellen Kosten (z.B. eine Anzahlung). Die ausstehende Summe gehört dann als Verbindlichkeit in Ihre Vermögensübersicht und ggf. ein Ratenvertrag in die Vertragsübersicht (mehr dazu im 7).*
- *Je mehr Zahlungsmittel man hat, desto schwieriger wird der Überblick. Sie werden daher die obigen Regeln vielleicht sogar noch erweitern müssen, wenn Sie noch weitere Zahlungsmittel haben. Versuchen Sie aber, Ihre Zahlungsmittel auf ein Minimum zu reduzieren.*

Und noch ein ganz wichtiger Ratschlag: verzichten Sie - wo immer möglich - auf Kreditkarten und Ratenkäufe. Diese erhöhen die Komplexität deutlich. Kreditkarten sind gerade in den USA ein Grund für die hohe Verschuldung von Privathaushalten. Es wird Geld ausgegeben, dass noch nicht verdient ist. Man lebt auf Kosten seiner eigenen Zukunft. Und oft merkt man nicht einmal, was dort für Summen zusammen kommen. Das alles lässt sich mit einem guten Geldmanagement vermeiden.

Kreditkarten haben natürlich trotzdem ihre Berechtigung. Sie sollten aber vor allem als Zahlungsmittel und nicht wegen eines Kredites genutzt werden. Gerade auf Reisen sind Kreditkarten unentbehrlich. Um dann nicht von den Abbuchungen überrascht zu werden, gehört die noch nicht abgebuchte Summe in die Vermögensübersicht unter Zahlungsverpflichtungen. Die Aktualisierung dieser Übersicht gehört in Zukunft zu den monatlichen Tätigkeiten und in dem Zuge werden auch ausstehende Zahlungen berücksichtigt.

So, hier ist erst mal Stopp. Halten Sie nun bitte einmal inne und fragen Sie sich, ob Ihnen das alles logisch erscheint? Wenn nicht, ist das erst mal nicht weiter schlimm. Es geht darum, Struktur in eine komplexe Geldwelt zu bringen. Keine Bank und kein Unternehmen der Finanzbranche sind wirklich daran interessiert, Ihnen dabei zu helfen. Man verdient ja gut daran, dass viele Menschen den Überblick verloren haben. Vertrauen Sie darauf, dass Ihnen alles klar wird, wenn Sie mein Prinzip langfristig anwenden.

Hier ein Beispiel für die Erfassung:

- *Sie kaufen morgens beim Supermarkt ein. Notieren Sie dies als Bargeldausgabe in der Kategorie „Lebensmittel“.*

- *Sie tanken und bezahlen mit der EC Karte. Notieren Sie dies als Ausgabe in der Kategorie „Auto“ und geben Sie „EC“ als Zahlungsmittel an.*

- *Sie kaufen im Möbelhaus ein Sofa und bezahlen per EC-Karte. Sie entscheiden sich dafür, es nicht sofort zu notieren, da Sie die Abbuchung später auf dem Kontoauszug leicht zuordnen können.*

- *Sie buchen online eine Urlaubsreise und bezahlen per Kreditkarte. Notieren Sie dies als Kreditkarten-Ausgabe in der Kategorie „Urlaub“.*

Ihre Notizen würden also so aussehen:

Datum	Betrag	Kat.	Notiz	ZM
12.02.	7,8	Lebensm.		
12.02.	44,6	Auto		EC
12.02.	499	Urlaub	Kurzurlaub Italien	KK

An den meisten Tagen werden Sie wahrscheinlich nicht mehr als 3-5 Erfassungen benötigen. Und auch wenn es einmal 10 Erfassungen sind, ist das noch leicht machbar. Bedenken Sie, dass Sie Kartenzahlungen, die Sie bei den Notizen weglassen, später vom Kontoauszug übertragen müssen. Es ist daher wichtig, dass Sie die Abbuchung vom Konto später leicht einer Kategorie zuordnen können.

Wir kommen jetzt von der Theorie der Erfassung zur Praxis: Wie erfasst man die Zahlungen am einfachsten? Ich werde Ihnen gleich vier verschiedene Methoden vorstellen. Probieren Sie aus, was für Sie am besten passt und ergänzen oder variieren Sie meine Vorschläge entsprechend Ihrer eigenen Lebensumstände.

Vergessen Sie nie, dass es nur darum geht, täglich 5-10 Zahlen aufzuschreiben!

Noch mal im Überblick:

- *Tägliche Erfassung von allen aktiven Zahlungsvorgängen. Das sind:*

❑ *Barzahlungen (auch Einnahmen)*

Barzahlungen müssen immer komplett notiert werden. Dazu zählen auch Bareinnahmen und die Verwendung eines Geldchips auf der EC-Karte.

❑ *Kartenzahlungen*

Kartenzahlungen können dann weggelassen werden, wenn sie auf dem Kontoauszug später eindeutig zuzuordnen sind.

❑ *Überweisungen*

Überweisungen können dann weggelassen werden, wenn sie auf dem Kontoauszug später eindeutig zuzuordnen sind.

- *Bei jeder Erfassung ist Folgendes zu notieren:*

  ❑ *Datum (12.02.)*

  ❑ *Kategorie (Urlaub)*

  ❑ *Betrag: (799,80)*

  ❑ *Notiz: (Wochenreise Italien)*

  ❑ *Zahlungsmittel: (KK)*

Abkürzungen nutzen

Nutzen Sie Abkürzungen für die Kategorien. Sie können dann bei der Erfassung die Kategorienkürzel verwenden. Gerade für häufig genutzte Kategorien - wie z.B. Lebensmittel - ist dies sinnvoll.

Überblick über die verschiedenen Erfassungssysteme

Es gibt verschiedene Methoden, um die 5-10 Zahlen mit den zusätzlichen Informationen möglichst einfach zu erfassen. Wie Sie erkennen, geht es nicht um sehr viel Text der zu erfassen ist. Trotzdem ist es sehr wichtig, dass die Notizenerstellung möglichst einfach ist. Ansonsten fällt die Umsetzung im Alltag womöglich zu schwer. Welche Erfassungsmethode Sie für sich wählen, sollten Sie ganz von Ihren Präferenzen und Ihrer Situation abhängig machen. Sie sollten sich für ein System entscheiden, dass Ihren Vorlieben entgegenkommt und sich möglichst leicht in Ihren Alltag integrieren lässt.

Ich stelle Ihnen hier mehrere Methoden vor und zeige Ihnen deren jeweiligen Vor- und Nachteile auf. Selbstverständlich lassen sich die Methoden auch kombinieren und abwandeln.

Die vier Grundmethoden im Überblick:

Erfassung Unterwegs auf Papier

Erfassung Unterwegs mit Handy oder PDA

Erfassung Zu Hause in das Geldjournal

Keine Erfassung, sondern nur Kontoüberwachung

Die Methoden im Einzelnen:

Erfassung unterwegs auf Papier

Sie erfassen die Zahlungsvorgänge direkt zum Tätigungszeitpunkt oder kurz danach auf Papier. Dies ist die einfachste und flexibelste Methode.

Erfassung unterwegs mit dem Handy oder PDA

Sie erfassen die Zahlungsvorgänge direkt zum Tätigungszeitpunkt oder kurz danach in Ihr Handy oder Ihren PDA.

Erfassung zu Hause direkt in das Geldjournal

Die Erfassung erfolgt täglich direkt in Ihr Geldjournal. Sie können dieses Journal am Computer oder auf Papier führen.

Keine Erfassung, sondern reine Kontenüberwachung

Diese Methode steht etwas im Widerspruch zu meinen bisherigen Worten, denn hier wird auf eine Kompletterfassung verzichtet. Diese Methode ist daher nur für Personen geeignet, die Ihre Finanzsituation gut kennen. Sie überwachen Ihr Geldgeschäfte bei dieser Methode nur über Ihre Kontobewegungen. Dies können Sie zum Beispiel einmal wöchentlich machen.

In den nächsten Abschnitten werden die vier Methoden im Detail vorgestellt.

Immer dabei: Die mobile Erfassung auf Papier

Dies ist eine sehr einfache und pragmatische Methode. Sie hat zum Ziel, die Ausgaben immer dort zu erfassen, wo sie getätigt werden. Die Ausgabe wird dazu unterwegs auf Papier notiert und direkt einer Kategorie zugeordnet. Weiterhin kann das Zahlungsmittel und eine Notiz vermerkt werden.

Diese Methode ist die einfachste und flexibelste. Auch wenn Sie gerne technische Geräte einsetzen, sollten Sie überlegen, ob die Papiermethode Ihrem Handy oder PDA nicht überlegen ist.

Für die Erfassung können Sie natürlich ein kleines Notizbuch oder Ähnliches verwenden. Es kann noch so klein sein, Sie werden es trotzdem immer zusätzlich mitnehmen müssen. Und das ist vielleicht nicht immer möglich oder praktisch. Daher ist folgendes Vorgehen noch besser geeignet: Nutzen Sie ein kleines Papierformular in Geldscheingröße. Dieses können Sie immer im Portemonnaie dabei haben. Und dieses tragen Sie bestimmt zuverlässig bei sich, wenn Sie Geld ausgeben. Im Einzelnen funktioniert das so:

- *Drucken Sie sich eine Vorlage in der Größe eines Geldscheines aus und verwahren Sie diese in Ihr Portemonnaie. Die Mehr-vom-Geld-Tools enthalten mehrere Druckvorlagen. Die Vorlagen haben die Größe eines Geldscheins und passen daher in jeden Geldbeutel. Dieser ist nämlich der beste Aufbewahrungsort, den es gibt, wenn es um Ihr Geld geht.*
- *Um immer einen Stift dabei zu haben, können Sie Folgendes tun: Besorgen Sie sich eine dicke aber kurze Kugelschreibermine mit einer Kappe. Aufgrund ihrer geringen Größe lässt sie sich ideal in einem normalen Portemonnaie unterbringen.*
- *Verwenden Sie die Mine ohne Stift. Wenn sie nicht zu dünn ist, dann lässt sich damit ausreichend gut schreiben. Alternativ können Sie einen kleinen Bleistift benutzen. Prüfen Sie, was sich in Ihrer Brieftasche gut unterbringen lässt.*
- *Wenn Sie eine Ausgabe tätigen, nutzen Sie die nächste Gelegenheit, um die Ausgabe auf das Formular zu übertragen. Das kann im Supermarkt beim Befüllen der Tüten sein, anschließend im Auto oder im Restaurant nach dem Bezahlen. Nicht immer wird es anschließend sofort möglich sein, aber mit diesem System können Sie in der nächsten ruhigen Minute die Ausgabe notieren. Dadurch müssen Sie sich nichts merken und vergessen auch nichts.*

Diese Methode mag Ihnen vielleicht etwas „zusammengebastelt“ erscheinen. Aber lassen Sie sich von den einfachen Mitteln nicht täuschen. Sicherlich hat die Methode nicht den modernen Touch eines iPhones. Aber sie ist unglaublich einfach und pragmatisch. Sie wollen Ihre Finanzen ja vereinfachen. Lassen Sie sich nicht zu unnötigem Aufwand verführen. Ich selbst bin eigentlich ein starker Technikfreund. Allerdings musste ich feststellen, dass ich die Papiervariante bevorzuge und sie funktioniert wunderbar.

Mit den Mehr-vom-Geld-Erfassungsvorlagen haben Sie die Möglichkeit, sofort loszulegen.

Vorteile / Nachteile auf einen Blick:

Vorteile:

- *Die Ausgaben können ohne technische Hilfsmittel überall sofort erfasst werden*
- *Keine Abhängigkeit von Stromversorgung*
- *Benötigt fast keine Zeit und ist daher besonders einfach*
- *Besonders günstige Hilfsmittel*

Nachteile:

- *Die erfassten Daten müssen später manuell in das Geldjournal übertragen werden*
- *Sie müssen die Erfassungsvorlagen drucken und mitnehmen*

Die moderne Variante: Mobile Erfassung per Smartphone oder PDA

Diese Methode können Sie nutzen, wenn Sie die technische Ausstattung dafür besitzen. Statt die Ausgaben auf Papier zu erfassen, tragen Sie sie in ein Programm in Ihrem Handy oder Smartphone ein. Wie praktisch das im Detail ist, hängt vor allem von Ihrem Gerät und der verwendeten Software ab. Es bietet sich natürlich eine Tabellenkalkulation an. Dort könnten zum Beispiel Ihre Kategorien bereits hinterlegt sein, so dass Sie sie beim Erfassen aus einer Auswahlliste selektieren können.

Da die Möglichkeiten dieser Methode direkt von Ihrem Gerät abhängen, kann ich hier nur sehr allgemein darauf eingehen. Wenn Sie gerne moderne Technik einsetzen und ein geeignetes Gerät besitzen, werden Sie es wahrscheinlich einsetzen wollen. Probieren Sie es aus. Bitte seien Sie aber auch ehrlich genug, wenn Sie feststellen, dass es zu umständlich ist oder Sie das Gerät doch öfters nicht dabei haben. Wechseln Sie dann die Methode oder ändern Sie Details.

Wenn Sie auch unterwegs eine Internetverbindung haben und Ihr Geldjournal online führen (z.B. mit Googles Text und Tabellen, auch als Google Docs bekannt), dann können Sie Ihre Eintragung sogar direkt in Ihr Geldjournal vornehmen. Dies ist die eleganteste Methode. Sie ist jedoch nur einsetzbar, wenn alle Voraussetzungen erfüllt werden.

Vorteile / Nachteile auf einen Blick:

Vorteile:

- *Die Ausgaben sind bereits digital erfasst. Sie können in das Geldjournal kopiert werden. Es ist keine manuelle Übertragung notwendig*
- *Weitere Unterstützung durch Software möglich*
- *Komplette Online-Erfassung möglich, wenn technische Voraussetzungen gegeben*

Nachteile:

- *Die Erfassung von Notizen ist auf diesen Geräten oft umständlich*
- *Es funktioniert nur, wenn Sie das Gerät immer dabei haben und es immer mit ausreichend Strom versorgt ist*

Auf dem heimischen Sofa: Erfassung direkt in das Geldjournal

Diese Variante ist dann für Sie geeignet, wenn Sie sich unterwegs nicht mit dem Thema „Erfassung" beschäftigen möchten. Sie verschieben die Erfassung daher auf einen ruhigen Moment zu Hause. Wenn Sie nicht sehr viele einzelne Ausgaben tätigen, dann ist diese Variante gut einsetzbar, auch ohne ein Gedächtniskünstler zu sein.

Sie notieren dann alle Zahlungen direkt in Ihrem Geldjournal. Sie ersparen sich damit den Schritt, die unterwegs notierten Zahlungen später zu übertragen. Ob das Geldjournal in einem Notizbuch oder am Computer geführt wird, ist dabei nebensächlich.

Sie benötigen für diese Variante eine andere Art von Disziplin, als bei der Erfassung unterwegs. Wenn Sie unterwegs die Zahlungen notieren, dann müssen Sie natürlich daran denken und einen Moment dafür finden. Für eine einzelne Zahlung benötigen Sie aber nicht mehr als 10 Sekunden und danach können Sie sie wieder vergessen. Wenn Sie zu Hause erfassen, dann müssen Sie Ihr Geldjournal hervorholen oder den Computer starten und sich an alle Zahlungen erinnern.

Diese Methode wird nur funktionieren, wenn Sie dafür täglich Zeit aufbringen können. Überlegen Sie daher gut, ob diese Variante für Sie geeignet ist.

Hier ein paar begleitende Tipps:

- *Erledigen Sie die tägliche Erfassung möglichst zu einem festen Zeitpunkt. Das kann z.B. abends zu Hause sein, wenn Sie Ihre Emails lesen*
- *Lassen Sie sich bei Ausgaben den Kassenbon geben und heben diesen im Portemonnaie auf, bis sie die Ausgabe erfasst haben. Schmeißen Sie ihn anschließend weg (es sei denn, Sie benötigen ihn noch aus einem anderen Grund)*
- *Erfassen Sie direkt in Ihrem Geldjournal (mehr dazu im Kapitel 7)*

Vorteile / Nachteile auf einen Blick:

Vorteile:

- *Die Zahlungen können direkt in Ihrem Geldjournal erfasst werden. Es ist keine zusätzliche Übertragung notwendig*

Nachteile:

- *Die Erfassung kann nur am eigenen Computer erfolgen (auf Reisen schwierig)*

- *Sie müssen sich alle Zahlungsvorgänge bis zur Erfassung merken. Das Risiko ist hoch, dass Sie Ausgaben vergessen*

Für ruhige Zeiten: Reine Kontoüberwachung

Diese Variante steht im Widerspruch zu meinen einleitenden Empfehlungen. Sie erfasst nämlich nicht alle Ausgaben, sondern betrachtet nur die Kontobewegungen. Ich nenne Sie trotzdem, denn wenn Sie sehr konstante Ausgaben haben, dann liefert diese Variante ggf. genügend Informationen.

Sie verzichten mit dieser Methode vollständig darauf, einzelne Barausgaben zu erfassen. Damit entfällt natürlich, dass Sie die Barausgaben in einzelne Kategorien unterteilen können. Sie betrachten Ihre Ausgaben nur über die Abbuchungen von Ihrem Konto. Wenn Sie Geld aus dem Automaten holen, dann gehört diese Ausgabe in die Kategorie „Bargeld". Die Möglichkeiten dieser Variante sind begrenzt. Trotzdem können Sie auch damit eine grobe Übersicht bekommen und die allgemeine Ausgaben- und Einnahmenentwicklung im Blick behalten.

Da Sie alle Informationen aus Ihren Kontoauszügen erhalten, müssen Sie nicht täglich erfassen. Sie können einmal wöchentlich den Aktualisierungsschritt durchführen. Dieser Schritt ist im Kapitel 7 beschrieben.

Vorteile / Nachteile auf einen Blick:

Vorteile:

- *Diese Variante ist besonders einfach. Durch den Kontoauszug sind alle Daten schon vorhanden und der tägliche Erfassungsschritt entfällt*

Nachteile:

- *Die Daten bieten nur begrenzte Informationen. Sie können Ihre Ausgaben nur grob analysieren*

Ich empfehle Ihnen, unbedingt mit einer Kompletterfassung zu starten. Wenn Sie dann für einige Monate Ihre Finanzen analysiert und alles im Griff haben, weil Ihre Finanzsituation Monat für Monat sehr ähnlich ist, dann können Sie überlegen, ob die reine Kontoüberwachung ausreichend ist. Sie haben damit weiterhin den Vorteil einer regelmäßigen Kontrolle und erhalten eine Gesamtübersicht.

Wenn Sie aber im Kaufhaus ein Geschenk für Ihre Mutter, eine DVD, eine Lampe für den Flur und ein Sachbuch kaufen und diese Artikel gemeinsam bezahlen, dann haben Sie später keine Möglichkeit, diese Ausgaben auf Ihrem Kontoauszug zu unterscheiden. Ggf. können Sie dies aber mit den aufgehobenen Rechnungen und Kassenbons kombinieren. Wenn Ihnen diese Methode eine ausreichende Kontrolle bietet, dann stellt sie durch den Wegfall eines Erfassungsschrittes eine elegante und einfache Alternative dar. Sie können die Methoden natürlich beliebig kombinieren und abwandeln. Zum Beispiel erfassen Sie normalerweise täglich zu Hause am Computer, aber auf einer Reise nutzen Sie ein Papierformular. Das ist durchaus legitim, jedoch empfehle ich Ihnen, sich im Alltag für eine einheitliche Vorgehensweise entscheiden.

Jetzt sind Sie dran!

Workbook-Aufgabe 13:

Nun haben Sie alle vier grundlegenden Erfassungsmethoden kennen gelernt. Entscheiden Sie nun, wie Sie weiter vorgehen möchten. Machen Sie sich ruhig Notizen und überlegen Sie sich, welche Vor- und Nachteile die einzelnen Methoden für Sie haben.

Das Kapitel auf einen Blick:

- *Im Erfassungsschritt werden alle aktiven Zahlungsvorgänge notiert und einer Kategorie zugeordnet*
- *Die Erfassung ist ohne großen Aufwand durchführbar. Wichtig ist eine geeignete Erfassungsmethode*
- *Es wurden vier Erfassungsmethoden vorgestellt:*
  1. *Mobile Erfassung auf Papier*
  2. *Mobile Erfassung per Handy oder PDA*
  3. *Erfassung direkt in das Geldjournal*
  4. *Erfassung der Kontobewegungen*
- *Die Erfassungsmethoden können flexibel an die eigenen Bedürfnisse angepasst werden*

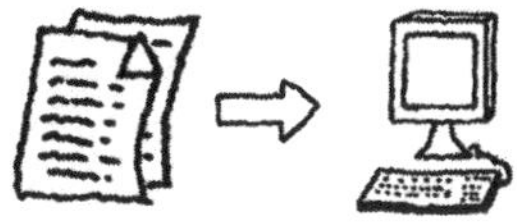

7 AKTUALISIEREN: ALLES AUF DEN NEUESTEN STAND BRINGEN

Darum geht es in diesem Kapitel:

- *Erfasste Daten und Kontobewegungen in das Geldjournal übertragen*
- *Bei Bedarf weitere Geld-Aktivitäten mit der Aktualisierung verbinden*

Im letzten Kapitel wurde gezeigt, wie Sie Ihre Zahlungen sehr einfach tagesaktuell erfassen können. Wenn Sie das nicht direkt am Computer erledigen, dann haben Sie jetzt eine Liste von Ausgaben und Einnahmen mit zugeordneten Kategorien. Diese sind aber noch nicht auswertbar und losgelöst von anderen Zahlungen auf Ihren Konten.

Schritt 2 des Geldmanagementprozesses ist daher die Aktualisierung des Geldjournals. In diesem Schritt führen wir alles im Geldjournal zusammen. Wenn Sie sich im letzten Kapitel für die direkte Erfassung Ihrer

Zahlungen im Geldjournal entschieden haben, dann entfällt der Schritt der Übertragung von den vorerfassten Daten. Sie müssen dann nur die Kontobewegungen übertragen.

Meine Empfehlung ist, diesen Schritt einmal pro Woche zu einer festgelegten Zeit durchzuführen. Legen Sie diesen Zeitpunkt nach eigenen Wünschen fest, aber halten Sie sich daran! Ich selbst habe früher oft den Fehler gemacht, dass ich die Ausgaben sehr genau erfasst, aber niemals in eine Übersicht übertragen habe. Das hat mich wenig weitergebracht, denn die Kontrolle über meine Geldbewegungen hatte ich so nicht. Es ist enorm wichtig, alle Schritte des Geldmanagements umzusetzen.

Wir kommen jetzt zur konkreten Nutzung des Geldjournals. Ich gehe hier davon aus, dass Sie sich für die Papierversion oder die Verwaltung am Computer entschieden haben. Sie können die Mehr-vom-Geld-Tools oder eine andere Software nutzen. Mit „Geldjournal" ist immer Ihr persönliches Tool zur Verwaltung der Zahlungen angesprochen. Wie dieser Prozess mit den Mehr-vom-Geld-Tools durchgeführt wird, ist in der separaten Dokumentation der Tools beschrieben. Ich empfehle, dies auch dann zu lesen, wenn Sie nicht mit den Tools arbeiten möchten. Sie können dort einen konkreten Einblick in die Funktionsweise gewinnen.

Das Geldjournal

Der Aktualisierungsschritt enthält nicht nur die Übertragung der erfassten Ausgaben und Einnahmen, sondern auch die Übernahme von Kontobuchungen in das Geldjournal. Ziel ist es, sämtliche Einnahmen und Ausgaben seit der letzten Aktualisierung zu übertragen.

Wir haben drei Zahlentöpfe, die wir dafür zusammenbringen müssen. Das ist nicht wirklich kompliziert, aber hier besteht Frustgefahr, wenn Sie durcheinander kommen. Folgen Sie daher dem folgenden Prozess und Sie werden in wenigen Minuten die Aktualisierung erledigt haben.

Die drei Zahlentöpfe sind:

1. Das Geldjournal mit den Daten bis zur letzten Aktualisierung

2. Die vorerfassten Daten aus dem Schritt 1 des Geldmanagementprozesses – zum Beispiel auf Papier. Diese müssen alle in das Geldjournal übernommen werden.

3. Die Kontoauszüge von den Konten. Hier müssen die Kontobewegungen, die nicht über die tägliche Erfassung berücksichtigt sind in die Finanzübersicht übernommen werden.

Hier nochmal in der Übersicht:

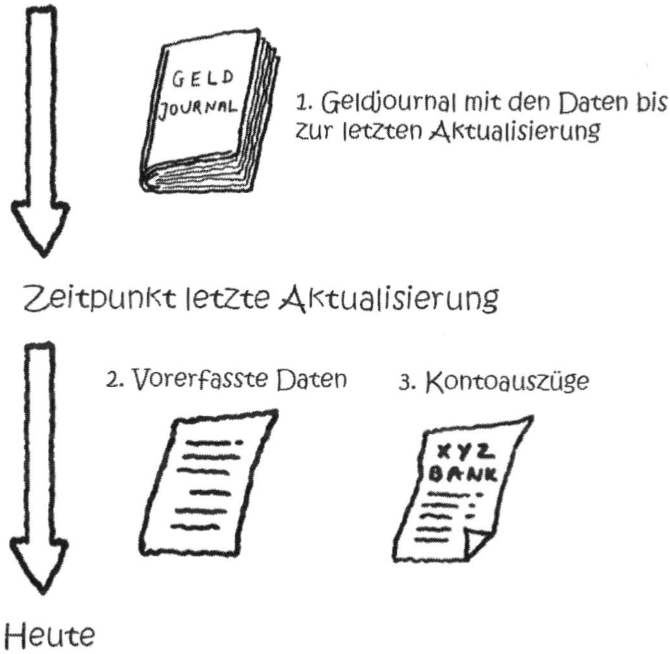

Nun geht es darum, die vorerfassten Daten und die neuen Kontobewegungen in das Geldjournal zu übertragen:

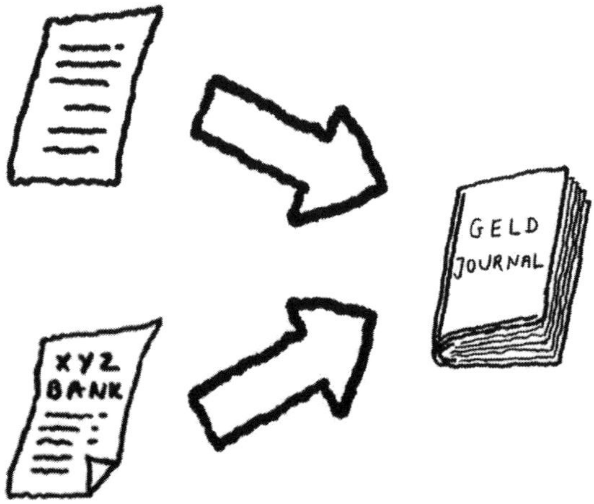

Nehmen Sie sich dafür möglichst einmal pro Woche ca. 30 Minuten Zeit. Sorgen Sie dafür, dass Sie möglichst online an alle Ihre Kontoauszüge gelangen. Falls Sie auf diese nicht online zugreifen möchten, sollten Sie sich kurz vorher aktuelle Auszüge besorgen.

Gehen Sie dann folgendermaßen vor:

1. *Nehmen Sie alle vorerfassten Daten zur Hand und übertragen Sie die erfassten Ausgaben (und ggf. Einnahmen) in die zugehörige Kategorie Ihres Geldjournals zum Datum der Ausgabe.*
   Falls Sie Notizen gemacht haben, so überlegen Sie, ob Sie diese ebenfalls übertragen möchten. Ich empfehle Ihnen jedoch, diese zusätzliche Eintragung nicht vorzunehmen. Das Geldjournal ist eine kompakte tabellarische Übersicht und dort ist normalerweise kein Platz für Notizen. Bei Bedarf heben Sie die vorerfassten Daten inklusive der Notizen einfach auf.
   Kennzeichnen Sie anschließend Ihre vorerfassten Daten, damit Sie später leicht erkennen, dass diese bereits übertragen wurden.
2. *Nehmen Sie anschließend die Auszüge aller Konten zur Hand.*

Prüfen Sie für jede Kontobewegung seit der letzten Aktualisierung, ob Sie schon im Geldjournal vorhanden ist. Da die Kontoabbuchung nicht am selben Tag mit der Ausgabe auftritt, muss man hier etwas genauer schauen.
Übertragen Sie alle Kontobewegungen, die noch nicht in Schritt 1 berücksichtigt wurden, in das Geldjournal.
ACHTUNG: Überspringen Sie alle Geldabhebungen und „interne Umbuchungen" – also Überweisungen von einem Ihrer Konten zu einem anderen. Darunter fällt auch die Abbuchung einer monatlichen Summe der Kreditkarte vom Girokonto. Die Kreditkartenzahlungen wurden ja einzeln am Tag des Kreditkarteneinsatzes erfasst.

3. *Zum Abschluss notieren Sie, welches die aktuellste Übertragung vom Kontoauszug ist. Dann haben Sie es in einer Woche leichter, an dieser Stelle anzuknüpfen. Im Mehr-vom-Geld-Geldjournal ist dafür auf der Startseite Platz vorgesehen.*

Das war's auch schon! Nun haben Sie wieder ein aktuelles Geldjournal. Gleichzeitig kontrollieren Sie damit auch Ihre Kontobewegungen. Vielleicht ist Ihnen aufgefallen, dass Sie nun Ausgaben im Geldjournal stehen haben, die Sie eigentlich noch gar nicht bezahlt haben. Sie haben zum Beispiel gestern Abend einen größeren Einkauf gemacht und mit der EC-Karte bezahlt. Heute aktualisieren Sie Ihr Geldjournal. Auf dem Kontoauszug ist der Einkauf von gestern noch nicht enthalten, sehr wohl aber auf Ihrem Erfassungszettel. Sie haben damit die Ausgabe schon in Ihrem Geldjournal, aber noch nicht auf dem Kontoauszug.
Das ist auch genauso gedacht. Sie haben das Geld ja ausgegeben. Dass es tatsächlich erst in den nächsten Tagen von Ihrem Konto abgebucht wird, sollte Sie nicht stören. Sie haben im Geldjournal die Übersicht über alle getätigten Ausgaben, unabhängig von Ihrem Zahlungsmittel und dem Datum der Abbuchung.
Wenn Sie diese Aktivität wöchentlich ausführen, haben Sie auch während des laufenden Monats einen guten Überblick über die anfallenden Kosten. Alle automatisch abgebuchten Fixkosten sowie alle Ausgaben, die Sie nicht selbst tätigen, werden berücksichtigt.

Dieser Schritt ist der aufwendigste in dem Prozess. Trotzdem ist er schnell erledigt, wenn Sie ihn regelmäßig konzentriert umsetzen. Sorgen Sie daher dafür, dass Sie ihn nicht zu selten durchführen. Wenn Sie wöchentlich die Aktualisierung vornehmen, sind es nur wenige Zahlen und Sie haben diese lästige Arbeit schnell erledigt.

Weitere Aktivitäten

Weitere Aktivitäten sind auf wöchentlicher Basis nicht fest vorgesehen, aber ggf. sinnvoll. Wenn Sie sich jede Woche zu einem bestimmten Zeitpunkt hinsetzen, um Ihr Geldjournal zu aktualisieren, dann ist das der perfekte Moment, um auch weitere wöchentliche Aktivitäten im gleichen Zuge zu erledigen.

Damit sind vor allem Aktivitäten zum Thema Geld gemeint, aber gerne können Sie den Augenblick natürlich auch nutzen, um zum Beispiel Ihre Woche zu planen.

Was für weitere Aktivitäten in Bezug auf Ihr Geld könnten sinnvoll sein? Das ist von Ihrer Situation abhängig. Ein paar Anregungen:

- *Kontrolle von Aktiendepots*
- *Suche nach günstigeren Alternativen bei ausgewählten Verträgen*
- *Finanznachrichten oder Newsletter lesen*
- *Vertragskündigungen schreiben oder andere Anschreiben an Vertragspartner verfassen*
- *Rechnungen bezahlen*
- *Vermögensübersicht und Vertragsübersicht aktualisieren*

Der letzte Punkt ist eigentlich für die monatlichen Aktivitäten vorgesehen. Wenn Sie aber Bedarf für eine häufigere Durchführung sehen, können Sie diesen Part natürlich auch wöchentlich erledigen.

Sie sollten allerdings auch nicht nach Aufgaben suchen, wenn Ihnen nichts einfällt. Halten Sie die wöchentliche Aktivität kurz. Sie sollte in Ihrer Zeitplanung immer einen festen Platz einnehmen

Die genaue Analyse Ihrer Geldflüsse erfolgt im dritten Schritt des Prozesses monatlich. Trotzdem sollten Sie sich natürlich auch hin und wieder wöchentlich anschauen, was sich getan hat und wie viel Sie in der letzten Woche ausgeben und eingenommen haben. Sie werden nach einiger Zeit sehr schnell erkennen, wenn sich etwas ungewöhnlich entwickelt.

Was bedeutet das für Sie?

Workbook-Aufgabe 14:

Überlegen Sie, wann Sie für diesen Schritt Zeit finden und wie Sie ihn organisieren. Machen Sie sich Notizen wie Sie die regelmäßige Umsetzung des Aktualisierungsschrittes wirklich erreichen. Für welche weiteren Aktivitäten können Sie diese Zeit sinnvoll nutzen?

Das Kapitel auf einen Blick:

- *In Schritt 2 des Geldmanagementprozesses wird das Geldjournal aktualisiert.*
- *Sie haben erfahren, welche Daten in das Geldjournal zu übertragen sind.*
- *Sie können diese wöchentliche Aktivität für die Durchführung weiterer themenverwandter Aufgaben nutzen.*

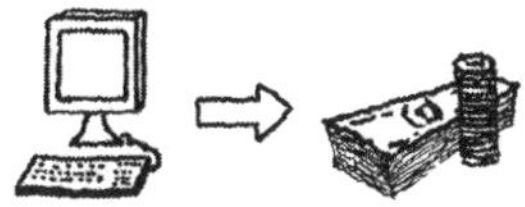

8 Entscheidungsschritt: Analysieren, Entscheiden, Handeln!

Darum geht es in diesem Kapitel:

- *Die monatliche persönliche Vermögenssitzung*
- *Vertragsübersicht und Vermögensübersicht auf den neuesten Stand bringen*
- *Analysieren, Entscheiden und die Umsetzung planen*

Willkommen zum dritten und letzten Schritt des Geldmanagementprozesses. Schritt 1 war die tägliche Erfassung, Schritt 2 die wöchentliche Aktualisierung des Geldjournals und Schritt 3 ist nun die monatliche Aktualisierung und Auswertung.

Bisher haben Sie vor allem Daten erfasst und übertragen. Sicherlich haben Sie bereits dadurch einen guten Überblick über Ihre Finanzlage erhalten. Jetzt geht es darum, noch etwas genauer hinzuschauen. In diesem

Schritt verbirgt sich ein hohes Lern-Potenzial und die Möglichkeit, sehr viel Geld zu einzusparen.

Nach kurzer Vorbereitung werden Sie Ihre Finanzdaten aktuell und umfassend vor sich liegen haben. Sie können dann genau erkennen, was Sie verdient haben und welche Summen in welche Bereiche geflossen sind. Diese klare Übersicht ist die Grundlage, um Veränderungen zu planen. Mit den richtigen Entscheidungen – und dem anschließenden Handeln – können Sie unglaublich viel erreichen. Es ist kein Wunderrezept im Spiel, sondern das einfache Prinzip von Ursache und Wirkung.

In Teil III wird es unter anderem um finanzielle Ziele gehen. Im Entscheidungsschritt des Geldmanagementprozesses ist der Moment gekommen, um konkrete Schritte zu planen, diese finanziellen Ziele umzusetzen und diese Umsetzung zu kontrollieren.

Es geht wohlgemerkt nicht darum, jetzt jeden Euro in Frage zu stellen. Sie sollen nicht aufhören zu leben und Dinge zu genießen. Sparen Sie vor allem Geld für unnötige Ausgaben. Treffen Sie Entscheidungen, was Sie wirklich haben wollen und was nicht notwendig ist. Die meisten Menschen geben viel Geld für Unnötiges aus, ohne dass sie dadurch ihre Lebensqualität erhöhen.

Zum Beispiel für überflüssige Verträge, verpasste Fristen, den falschen Handy-Vertrag, Konto-Überziehungsgebühren, Lebensmittelkauf an der Tankstelle, Kauf von nutzlosem Kram, bloß weil er gerade im Angebot ist und so weiter. Diesen Kosten können Sie nun auf die Spur kommen. An diesen Stellen können Sie viel einsparen, ohne dass Sie auf etwas Lebensnotwendiges verzichten müssten.

Die Aktivitäten dieses Kapitels sollten Sie monatlich durchführen. Es bietet sich an, dies gemeinsam mit der wöchentlichen Aktualisierung zu machen, zum Beispiel immer am ersten Wochenende eines neuen Monats.

Nehmen Sie sich ausreichend Zeit dazu. Beim ersten Mal werden Sie etwas mehr Zeit benötigen. Machen Sie sich mit einem Tee oder Kaffee bequem oder nehmen Sie sich ein kühles Bier oder ein Glas Wein. Was Ihnen eben schmeckt. Passen Sie auf, dass Sie nicht das Gefühl haben, dass Sie jetzt arbeiten müssen. Setzen Sie sich nicht an Ihren Schreibtisch mit dem Gefühl, dass Sie sich durch den todlangweiligen Finanzkram quälen müssen. Das wäre die falsche Einstellung!

Sie können mit dieser Aktivität viel mehr Spaß und Genuss in Ihr Leben bringen. Vergessen Sie das nie, wenn Sie die nüchternen Zahlen vor sich liegen haben. Sie nehmen im Chefsessel Platz, denn Sie haben die Entscheidungsgewalt. Ihr Unternehmen heißt „mein Leben" und Sie werden dieses Unternehmen finanziell erfolgreich führen. Sie gehören damit zu den wenigen Menschen, die Ihr Finanzunternehmen wirklich führen und nicht vor sich hin treiben lassen. Das ist wunderbar und ein Grund, stolz zu sein und sich gut zu fühlen.

Kommen wir zur Agenda der monatlichen Vermögenssitzung. Es geht darum, folgende Themen zu behandeln:

- *Die Vermögensübersicht und die Vertragstabelle aktualisieren*
- *Analysieren und Entscheiden: Das Geldjournal und die gesamte Vermögenssituation auswerten und Entscheidungen treffen*
- *Planen & Handeln: Die Umsetzung der Entscheidungen planen und die Umsetzung beginnen*

Vermögensübersicht und Vertragstabelle aktualisieren

Bevor es losgeht mit der Analyse und der Jagd nach den Kostentreibern, müssen noch zwei Übersichten aktualisiert werden. Und zwar die Vermögensübersicht und die Vertragsverwaltung.

Bei der Vermögensübersicht können Sie genau wie bei der initialen Erstellung vorgehen (Kapitel 4).

- *Nehmen Sie die aktuellen Kontoauszüge zur Hand und zählen Sie Ihr Bargeld*
- *Tragen Sie die aktuellen Barwerte in die Übersicht ein*
- *Aktualisieren Sie die Kontostände*
- *Schauen Sie, ob sich Ihre Anlagen und Investitionen im Wert geän-*

dert haben. Aktualisieren Sie die Übersicht, wo es erforderlich ist

- *Hat sich etwas bei Ihren Sachwerten geändert? Falls ja, bringen Sie auch in diesem Bereich die Übersicht auf den neuesten Stand*
- *Und wie sieht es mit den Verbindlichkeiten aus?*

Sie können die bisherigen Daten der Vermögensübersicht einfach überschreiben. Wenn Sie die alten Werte aufheben möchten, dann können Sie vor der Aktualisierung natürlich den Stand abspeichern. Wenn Sie auf Papier arbeiten, nehmen Sie monatlich ein neues Formular.

Das war es auch schon. Üblicherweise werden Sie vor allem die Barwerte und ggf. die Investitionen anpassen. Wenn Sie die notwendigen Informationen vorliegen haben, dann ist das in wenigen Minuten erledigt.

Als Zweites wenden wir uns der Vertragstabelle zu. Auch hier geht es darum, jegliche Veränderungen festzustellen (die initiale Erstellung ist in Kapitel 5 beschrieben). Überlegen Sie, ob Sie im vergangenen Monat neue Verträge abgeschlossen haben. Ergänzen Sie diese in der Tabelle. Und löschen Sie Eintragungen, die nicht mehr aktuell sind.

Wenn Sie diese beiden Übersichten aktualisiert haben, dann sind alle Informationen auf dem neuesten Stand.

Exkurs Budgets: Sind sie sinnvoll?

Bevor es zur Analyse geht, möchte ich kurz noch auf ein Thema eingehen: den Einsatz von Budgets. Dabei setzt man sich ja für einen Bereich eine bestimmte Ausgabengrenze, die man im aktuellen Monat nicht überschreiten will. Diese Art von Kontrolle hat ihre Vor- und Nachteile.

Budgets können ein sehr wirksames Mittel sein, um sich selbst zu disziplinieren. Aber es kann auch sehr frustrierend sein, wenn man mit unrealistischen Budgets arbeitet und diese dann nicht einhalten kann.

Bitte überlegen Sie für sich, inwieweit Ihnen Budgets beim Erreichen Ihrer finanziellen Ziele helfen. Vielleicht gibt es ja Bereiche, in denen Sie weniger ausgeben möchten und daher ein Budget festlegen. Der Einsatz von Budgets kann aber auch genutzt werden, um Geld mit mehr Spaß in bestimmten Bereichen auszugegeben. Sie können sich zum Beispiel ein

Entspannungs- oder Spaßbudget einrichten. Diese Summe können Sie dann für irgendetwas ausgeben, dass Ihnen Freude bereitet – ohne schlechtes Gewissen.

Seien Sie ehrlich zu sich selbst. Durch das Geldjournal haben Sie immer eine aktuelle Übersicht über Ihre Ausgaben. Sie benötigen daher nicht unbedingt ein fixes Budget. Aber wenn es Ihnen hilft, dann sollten Sie Budgets unbedingt einsetzen. Budgetverwaltung kann sogar Spaß machen, wenn man den gesetzten Geldrahmen einhält und erste finanzielle Erfolge feiern kann. Je unzufriedener Sie mit Ihrem unkontrollierten Ausgabeverhalten sind, desto sinnvoller ist der Einsatz von Budgets.

Statt mit einem Budget zu arbeiten, können Sie auch mit einem Schätzwert arbeiten. Sie wägen dabei den Geldbedarf für einen bestimmten Bereich ab. Wenn Sie dann etwas mehr ausgeben als zunächst geschätzt, ist das keine emotionale Niederlage, denn Sie haben ja nur über den Daumen gepeilt. Sie können dann überlegen, ob der Schätzwert unrealistisch war oder wo das Problem sonst lag.

Grundsätzlich empfehle ich, die Energie lieber auf die richtige Einstellung und das richtige Verhalten zu konzentrieren, als auf eine strikte Budgeteinhaltung zu achten.

Analysieren und Entscheiden

Sie haben sich nun schon viel mit Ihren Finanzen befasst. Ich bin sicher, dass Sie dabei auch schon einiges über Ihre Geldsituation gelernt haben und allein durch das Erfassen mit einem anderen Blick durch den Alltag gehen. Bei der monatlichen Auswertung ist es nun soweit, die Informationen im Zusammenhang zu betrachten.

Sie haben drei Informationsquellen:

- *In der Vermögensübersicht haben Sie den globalen Blick auf Ihre gesamte Vermögenssituation*

- *In der Vertragsübersicht können Sie sehen, welche Beträge in die verschiedenen Verträge fließen*

- *Im Geldjournal können Sie im Detail die Ausgaben in den von Ihnen festgelegten Kategorien sehen*

Nun können Sie sich an die Analyse aller drei Übersichten machen. Das Wort „Analyse“ klingt zunächst einmal technisch und kompliziert. Es geht hier aber nicht darum, Kennzahlen zu errechnen. Stattdessen sollten Sie sich die Daten einfach nur zu Ihrem eigenen Verständnis anschauen, um sie für die Zukunft optimieren zu können.

Die Vermögensübersicht enthält nur wenige Werte auf einer einzigen Seite. Schauen Sie hier vor allem, ob es überraschende Veränderungen gibt. Zum Beispiel beim Kontostand. Gibt es Aktivitäten, die Sie angehen sollten? Haben Sie zum Beispiel Geld verliehen und es noch nicht zurück erhalten? Die Vermögensübersicht hilft Ihnen, derartige Themen nicht aus den Augen zu verlieren.

Wenn Sie mit der Situation nicht glücklich sind, akzeptieren Sie diese trotzdem und nehmen Sie Ihre Unzufriedenheit als Motivator, um Ihre Lage mit der Mehr-vom-Geld-Methode Schritt für Schritt zu verbessern.

Nachdem Sie sich einen aktuellen Eindruck über Ihre Vermögenssituation verschafft haben, geht es kurz zu den Verträgen. Schauen Sie auch hier über die Summen und Werte in den verschiedenen Bereichen. Gibt es Optimierungspotenzial? Nicht immer können Sie das herausfinden, indem Sie Ihre bestehenden Verträge anschauen. Nehmen Sie sich zum Beispiel pro Monat gezielt einen Bereich vor, um diesen genauer zu untersuchen. Zur Planung von konkreten Aktivitäten kommen wir am Ende des Kapitels.

Am intensivsten sollten Sie sich mit dem Geldjournal befassen. Hier haben Sie die Übersicht über Ihre Einnahmen und Ausgaben. Sie können diese Werte für alle von Ihnen festgelegten Kategorien sehen. Sie sollten nun den vergangenen Monat anschauen. Worauf Sie dabei stoßen und besonders achten sollten, ist natürlich von Ihrer konkreten Situation abhängig.

Hier einige Vorschläge:

- *Wie hoch sind die Ausgaben in den lebensnotwendigen Kategorien? Was würden Sie als absolutes Minimum monatlich benötigen? Und wie hoch sind Luxusausgaben im Vergleich?*

- *Schauen Sie, ob die Ausgaben und Einnahmen des vergangenen Monats mit der Entwicklung auf Ihrem Konto übereinstimmen. Gibt es große Differenzen? Haben Sie ggf. eine größere Summe irgendwo vergessen?*
- *In welchen Kategorien haben Sie besonders viel ausgegeben? Woran liegt das?*
- *Wie hoch/niedrig sind die Ausgaben in den einzelnen Kategorien im Vergleich zum Vormonat? Gibt es große Unterschiede? Falls ja, woran liegt das?*
- *Wie hoch/niedrig sind die Ausgaben der einzelnen Kategorien auf das ganze Jahr betrachtet? Wie hat sich dies gegenüber dem letzten Monat verändert?*
- *Gab es Ausgaben, die Sie im Nachhinein betrachtet als unnötig empfinden?*
- *Waren die Kategorien sinnvoll oder benötigen Sie weitere bzw. gibt es überflüssige?*
- *Wie passt die Entwicklung zu Ihren langfristigen finanziellen Zielen?*

Bei den meisten Menschen gibt es kaum einen „normalen" Monat, da fast jeder Monat Sonderausgaben aufweist. Es gibt Urlaub, Weihnachten, Geburtstage, Reparaturen, Anschaffungen usw. Diese Art von Ausgaben sorgt dafür, dass es teils zu großen Schwankungen in einigen Kategorien kommen kann. Daher ist es so wichtig, die Finanzen über das ganze Jahr hinweg zu analysieren.

Es kommt ja vor allem darauf an, dass Sie Ihr Geld so verwenden wie Sie es möchten. Der Analyseschritt ist der richtige Moment, um sich darüber Gedanken zu machen. Dann haben Sie in Zukunft mehr von Ihrem Geld. Zuerst das Geschehene analysieren. Und wenn Sie mit dem Ergebnis nicht vollständig zufrieden sind, dann müssen Sie jetzt diverse Entscheidungen bezgl. der zukünftigen Vermeidung der festgestellten Problemfaktoren treffen. Überlegen Sie, was Sie im nächsten Monat besser machen können, worauf Sie achten wollen, was Sie unternehmen und was Sie vermeiden wollen.

Sie müssen an den Analyse- und Entscheidungsschritt nicht mit einer wissenschaftlichen Präzision herangehen. Treffen Sie Kurskorrekturen, wo sinnvoll oder nötig. Sehen Sie vor allem auch die positiven Seiten und Entwicklungen. Seien Sie zufrieden und belohnen sich auch einmal für Dinge, die gut gelaufen sind. Ärgern Sie sich nicht über die Vergangenheit, sondern schöpfen Sie Motivation daraus, dass Sie nun auf dem besten Weg zu einer souveränen Kontrolle Ihrer Finanzen sind.

Planen & Handeln

Nachdem Sie Ihr Ausgabeverhalten analysiert und die verbesserungswürdigen Punkte festgestellt haben, ist nun die Konkretisierung derselben an der Reihe.

Die ganze bisher geleistete Arbeit bringt Sie nicht weiter, wenn Sie nicht handeln. Viele gute Vorsätze - gerade zum Jahreswechsel - scheitern häufig an deren inkonsequenter Umsetzung. Daher ist der Prozess mit der Entscheidung allein nicht abgeschlossen, sondern jetzt geht es gerade erst richtig los.

Nutzen Sie Ihre monatliche Finanzsitzung dazu, die Finanzaktivitäten des nächsten Monats festzulegen. Überlegen Sie, welche Handlungen sinnvoll und notwendig sind. Nehmen Sie dazu Ihren Terminplaner zur Hand und legen Sie direkt fest, wann Sie sich darum kümmern werden.

Natürlich sind nicht alle Entscheidungen so konkret planbar. Wenn Sie in einigen Bereichen weniger ausgeben möchten, dann müssen Sie dies über den ganzen Monat umsetzen. Hier geht es jetzt aber um Entscheidungen, die aktives Handeln erfordern. Einige Beispiele dafür sind:

- *Steuererklärung machen*
- *Eine Kategorie besonders im Blick behalten, zum Beispiel wöchentlich kontrollieren*
- *Verträge kündigen*
- *Rechnungen einreichen (z.B. beim Arbeitgeber, Krankenkasse u.Ä.)*

- *Sich finanziell weiterbilden (mehr dazu im Kapitel 12)*
- *Investments machen oder überprüfen*

Die monatliche Planung ist ein sehr mächtiges Werkzeug. Auch wenn Sie keine großen Schritte und Aktivitäten planen, so ist allein der regelmäßige Umgang mit dem Thema unglaublich wertvoll. Jeden Monat ein bisschen ist über das ganze Jahr gesehen ziemlich viel.

Wenn Sie also Ihre Aktivitäten für den nächsten Monat festgelegt und mit einem konkreten Erledigungsdatum versehen haben, schließen Sie Ihren Terminkalender und fahren den Computer herunter bzw. schlagen Ihren Ordner zu.

Herzlichen Glückwunsch! Sie haben es geschafft. Sie sind nun alleiniger Herrscher Ihrer Finanzen, König in Ihrer Geldwelt. Das Geld kann nicht mehr unkontrolliert und unüberwacht wegfließen. Sie werden mehr davon haben. Damit haben Sie die entscheidende Grundlage erstellt, um Ihre großen finanzielle Ziele zu erreichen.

Teil III geht erneut näher auf dieses Thema ein, denn natürlich gibt es zum Thema Geld und Vermögensaufbau noch viel mehr zu sagen. Während Teil I und II vor allem die tägliche Praxis behandelt haben, wird in Teil III mehr auf die Hintergründe eingegangen. Sie finden aber auch dort Praxistipps, wie Sie das Geldmanagement umsetzen und Ihr finanzielles Wissen weiter ausbauen können.

Der Geldmanagementprozess nochmal auf einen Blick:

Sie konnten sehen, dass man zur Kontrolle und Übersicht über seine Finanzen kein hochstudierter Wissenschaftler sein muss. Die Befolgung ganz simpler Regeln reicht dazu vollkommen aus.

Hier sehen Sie nochmal den gesamten Prozess eines Monats im Überblick:

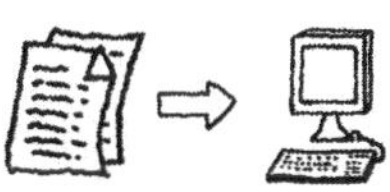

1. *Erfassen*
   Tägliche Erfassung der Einnahmen und Ausgaben.

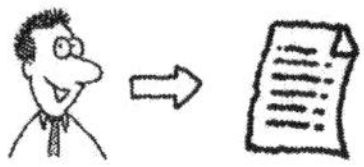

2. *Aktualisieren*
   Wöchentliche Aktualisierung vom Geldjournal. Dazu werden alle Kontobewegungen und die erfassten Daten in das Geldjournal übertragen. Gleichzeitig können weitere Finanzaktivitäten erledigt werden.

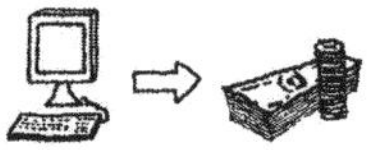

3. *Entscheiden*
   Monatliche Analyse und Entscheidung mit folgenden Einzelschritten:
   - *Aktualisierung der Vermögensübersicht und der Vertragstabelle*
   - *Analyse der Vermögensübersicht, Vertragstabelle und des Geldjournals*
   - *Festlegung von Finanzaktivitäten und Terminplanung*

Der Zeitbedarf ist sehr überschaubar, wenn Sie die Basis erst einmal etabliert haben. Sie haben nun den gesamten Prozess kennen gelernt. Daher ist es nun an der Zeit, dass Sie sich für Ihre zu nutzenden Tools und Hilfsmittel entscheiden.

Workbook-Aufgabe 15:

Machen Sie sich nun bitte Gedanken über den gesamten Geldmanagementprozess. Wie möchten Sie Ihn umsetzen? Was nehmen Sie sich vor und was möchten Sie damit erreichen?

Dies ist der richtige Zeitpunkt, das ganze Thema erneut im Zusammenhang zu betrachten. Sie können zu dieser Aufgabe auch zurückkehren, nachdem Sie Teil III und Teil IV gelesen haben.

TEIL 3

TEIL III

Sie haben in Teil I und II den gesamten Geldmanagementprozess kennen gelernt. Wozu gibt es nun einen dritten Teil?

Der dritte Teil ist ebenso wichtig, denn einige wichtige Themen haben in den beiden praxisorientierten Teilen I und II keinen Platz gehabt. In den Kapiteln 9 und 10 geht es zunächst um eine Vertiefung des Mehr-vom-Geld-Systems. Das Kapitel 9 greift viele übliche Fragen zu dem System auf und gibt Antworten. Im Kapitel 10 finden Sie viele Tipps, wie Sie das System garantiert erfolgreich umsetzen.

Die weiteren Kapitel aus Teil III gehen weiter auf das Thema Geld und Vermögensaufbau ein. Das Kapitel 11 befasst sich mit Ihrer Einstellung zu Geld und wie Sie diese bei Bedarf verbessern können. Weitere Ausführungen zu diesem Thema erhalten Sie im Kapitel 12. Es wird erläutert, was unter finanzieller Bildung zu verstehen ist und Sie erhalten zudem praktische Tipps zur Steigerung Ihrer „finanziellen Intelligenz“.

Und das Kapitel 13 erläutert die Grundlagen des Vermögensaufbaus. Dieses Thema liegt mir persönlich sehr am Herzen, denn ich beobachte so viele Personen, die eigentlich finanziell erfolgreich sein könnten, wenn sie sich nur einmal bewusst mit dem Thema auseinandersetzen würden.

9 FAQ ZUM MEHR-VOM-GELD-SYSTEM

Darum geht es in diesem Kapitel:

- *Die wichtigsten Fragen und Antworten zum Mehr-vom-Geld-System*

Um die Informationen zum Mehr-vom-Geld-System zu vervollständigen, finden Sie in diesem Kapitel eine Liste bzgl. der Beantwortung von „Frequently Asked Questions“ (häufig gestellte Fragen) und deren Antworten. Es handelt sich um eine lose Informationssammlung zu dem Themengebiet, die in den anderen Kapiteln keinen Platz mehr gefunden hat.

Übersicht über die Fragen:

1. *Werde ich durch das Aufschreiben aller Ausgaben nicht zu einer geizigen Person?*

2. *Verliere ich durch die Kostenkontrolle nicht den Spaß am Geld ausgeben?*
3. *Wie wende ich das Geldmanagement mit meinem Partner oder meiner Familie an?*
4. *Lohnt es sich wirklich, alle Ausgaben zu notieren?*
5. *Andere Bücher empfehlen, bei den Ausgaben nur einen groben Überblick zu gewinnen. Warum ist das hier anders?*
6. *Ich habe Sorge, dass meine Freunde einen seltsamen Eindruck bekommen, wenn Sie sehen, dass ich alles notiere!*
7. *Was kann ich machen, wenn ich das System nicht durchhalte?*
8. *Was mache ich, wenn das System bei mir nicht funktioniert?*
9. *Mein Partner ist gegen das Geldmanagement. Was kann ich tun?*
10. *Ich kann nicht gut mit Zahlen umgehen. Kann ich das System trotzdem erfolgreich anwenden?*

1. Werde ich durch das Aufschreiben aller Ausgaben nicht zu einer geizigen Person?

Diese Befürchtung ist nachvollziehbar. Sehr stark wirkt das Bild des Dagobert Duck in uns, der zwar sehr viel Geld besitzt, aber unglaublich geizig ist. Hier ist es ähnlich wie bei den anderen Mythen, die sich um Geld drehen. Sie werden nicht zu einer geizigen Person, nur weil Sie Ihre Ausgaben kontrollieren. Ganz im Gegenteil: Sie denken mehr über Geld nach und wenn Ihnen freizügiges Geldausgeben ein Anliegen ist, können Sie dies nun bewusster und kontrollierter tun.

Verwechseln Sie niemals Geiz mit dem bewussten Umgang mit Geld. Jemand, der über seine Ausgaben bewusst nachdenkt, handelt wesentlich nachhaltiger als jemand, der sein Geld zu unkontrolliert ausgibt und dadurch leicht in eine finanzielle Notlage geraten kann. Wofür Sie Ihr Geld einsetzen, entscheiden Sie! Sie können durch geschicktes und wohlüberlegtes Geldmanagement noch mehr der Person entsprechen, die Sie gern darstellen möchten.

2. Verliere ich durch die Kostenkontrolle nicht den Spaß am Geld ausgeben?

Auch bei dieser Befürchtung beeinflusst uns das Bild von Dagobert Duck, der nur Freude am Baden in seinem Geld findet. Sie müssen in der Tat aufpassen, dass Sie nicht plötzlich alle Ausgaben nur als unwillkommene Kosten sehen. Es ist sehr wichtig, dass Sie finanzielle Ziele haben und einen bewussten Lebensstil entwickeln.
Vielleicht haben Sie bisher Geld vor allem nach Gefühl ausgegeben und sich keine Gedanken gemacht (und deswegen oft unangenehme Überraschungen auf dem Kontoauszug entdeckt). Wenn Sie nun zu einer langfristigen Planungs- und Denkweise in Bezug auf Ausgaben, Einnahmen und Einsparungen umsteigen, sollten Sie immer nach einer Balance zwischen dem gönnerischen und teilweise verschwenderischen Leben im Augenblick und dem Verzicht auf unnötigen Luxus suchen, damit Ihnen später im Leben entsprechende Geldmittel zur Verfügung stehen.
Leitsätze wie "Heute gebe ich alles aus und denke nicht an morgen!" oder „Heute verzichte ich auf alles!" sind zwei Extreme, die beide auf Dauer zu nichts führen. Suchen Sie wie gesagt nach einer Balance. Wenn Ihnen das schwerfällt, legen Sie Budgets für einzelne Kategorien fest. Dann können Sie im Voraus entscheiden, wie viel Sie ausgeben möchten. Und wenn das Budget für einen Zeitraum verbraucht ist, halten Sie sich entsprechend zurück. Das ist manchmal einfacher, als eine schwammig formulierte Entscheidung umzusetzen, gemäß der Sie z.B. weniger in der Kategorie „Ausgehen" ausgeben. Verlieren Sie dabei aber auch nicht den Spaß am Leben. Genießen Sie ganz bewusst.

3. Wie wende ich das Geldmanagement mit meinem Partner oder meiner Familie an?

Wenn man seine Finanzen nicht allein verwaltet, dann ist es natürlich wichtig, dass auch der Partner daran beteiligt ist. Das ist auch problemlos möglich. Wichtig ist vor allem, dass Sie miteinander darüber sprechen und sich einig sind, wie Sie das Gelernte anwenden möchten. Wenn Sie die Kategorien definiert haben, können Sie jederzeit unabhängig voneinander die getätigten Ausgaben notieren, um sie dann gemeinsam in Ihr Finanztool zu übertragen.

4. Lohnt es sich wirklich, alle Ausgaben zu notieren?

Ja! Das ist die ganz einfache und klare Antwort. Fangen Sie auf jeden Fall damit an. Wenn Sie dann für drei aufeinanderfolgende Monate feststellen, dass sich die monatlichen Aufzeichnungen stark gleichen und Sie keine interessanten zusätzlichen Informationen mehr gewinnen, können Sie den Übergang zu einer reinen Kontenüberwachung in Erwägung ziehen.
Ich empfehle aber, dass Sie die Disziplin aufbringen, wirklich alle Ausgaben zu notieren. Kein Unternehmen würde die Buchhaltungsabteilung auflösen, nur weil man die Kosten ungefähr kennt. Das hat natürlich noch weitere Gründe, aber die reine Information ist auch für Ihr Unternehmen „Privatleben" wichtig. Ihre finanzielle Lebenslage kann sich sehr schnell ändern und dann sind alle Informationen über Fixkosten, Verträge und Ausgaben viel wert.

5. Andere Bücher empfehlen, bei den Ausgaben nur einen groben Überblick zu gewinnen. Warum ist das hier anders?

Ja, das stimmt. Manche Bücher oder Artikel empfehlen, dass man nur einen groben Überblick gewinnen sollte. Ein grober Überblick ist sicherlich besser als gar kein Überblick. Aber was ist ein „grober" Überblick? Wenn Sie nur auf das Konto schauen, werden Sie die

kleinen Kostenfresser, die über das Jahr einen Großteil Ihrer Ausgaben ausmachen, nicht berücksichtigen.
Sicherlich geht das Geldmanagement mit dem Prinzip „Notieren Sie alles“ in diesem Buch einen Schritt weiter. Wenn Sie sich das zu Ihrer Gewohnheit machen, dann haben Sie ein System, dem Sie nur noch folgen müssen. Und nachweislich sind die Menschen am erfolgreichsten, die sinnvolle Angewohnheiten entwickeln.

6. Ich habe Sorge, dass meine Freunde einen seltsamen Eindruck bekommen, wenn Sie sehen, dass ich alles notiere!

In Deutschland ist Geld ein Tabuthema. Man redet nicht gerne darüber, außer um sich allgemein zu beklagen. Daher kann es durchaus sein, dass Sie auf Unverständnis oder sogar Ablehnung stoßen, wenn Sie alle Ausgaben für jeden offensichtlich notieren. Mein Tipp ist daher, dass Sie Ihr frisch gestartetes Finanzprojekt zunächst für sich behalten und nur mit Personen darüber reden, bei denen Sie mit Sicherheit auf Interesse und Verständnis stoßen werden.
Lassen Sie sich nicht die Motivation rauben, bloß weil jemand anderer Meinung ist, der sich mit der Materie noch gar nicht befasst hat. Oft steckt bei dem Miesmacher nur das eigene schlechte Gewissen dahinter, dass er sich ja eigentlich auch um Kostenkontrolle und finanzielle Bildung kümmern sollte.
Wer sich mit Geld befasst, läuft in Deutschland leider Gefahr, von vielen seltsam angeschaut zu werden. Machen Sie es daher ganz für sich allein – Sie wissen, warum Sie dies tun und dass Sie dieses Verhalten nicht zu einem schlechten Menschen macht. Ganz im Gegenteil.

7. Was kann ich machen, wenn ich das System nicht durchhalte?

Wenn Sie nicht durchhalten, geben Sie bitte nicht gleich auf. Gerade am Anfang sind ein gewisses Straucheln und der Rückfall in alte Verhaltensweisen völlig normal! Wenn Ihnen das passieren sollte, vergessen Sie es so schnell wie möglich wieder und fangen Sie von vorne an. Lesen Sie nochmals Kapitel 6 nach und beachten Sie die Tipps aus Kapitel 10.

8. Was mache ich, wenn das System bei mir nicht funktioniert?

Wenn Sie an einen Punkt kommen, an dem Sie nicht mehr weiter wissen, analysieren Sie in Ruhe, woran das liegt. Haben Sie vielleicht etwas zu kompliziert gestaltet? Können Sie etwas vereinfachen? Was stört Sie?

Oft sind es einfache Entscheidungen, die weiterhelfen. Streben Sie keinen Perfektionismus an, sondern ein einfaches System. Auch wenn Ihre finanzielle Situation kompliziert sein mag – zum Beispiel, weil Sie oft im Ausland sind und mit mehreren Währungen rechnen – suchen Sie nach einer simplen Lösung. Sie benötigen keine exakten Werte wie in einer Buchhaltung.

9. Mein Partner ist gegen das Geldmanagement. Was kann ich tun?

Wenn Sie Ihren Partner nicht von der Notwendigkeit der Anwendung meiner Mehr-vom-Geld-Methode überzeugen können, dann suchen Sie nach einem Kompromiss. Vielleicht können Sie sich ja einigen, sie zumindest für einen Monat auszuprobieren.

Und wenn Ihr Partner die Ausgaben nicht notieren mag, können Sie sie ja vielleicht gemeinsam zumindest grob einordnen. Suchen Sie nach einer für beide Seiten tragbaren Lösung. Machen Sie Ihrem Partner klar, dass es nicht um gegenseitige Kontrolle geht, sondern ganz im Gegenteil darum, am Ende mehr vom Geld zu haben. Sie können ja auch vereinbaren, dass Sie beide eine gewisse Summe für sich ausgeben, ohne dies im Detail zu notieren. Sie können den Betrag dann einfach pauschal in die Übersicht aufnehmen.

Finanzfragen sind in vielen Beziehungen ein schwieriges Thema. Aber wenn Sie nicht darüber reden, wird das Konfliktpotential immer größer. Insbesondere, wenn es finanziell nicht so gut läuft. Gehen Sie daher Diskussionen nicht aus dem Weg und reden Sie mit Ihrem Partner über Ihre Ziele, Ihre Motivation und den Nutzen des Geldmanagements.

10. Ich kann nicht gut mit Zahlen umgehen. Kann ich das System trotzdem erfolgreich anwenden?

Aber natürlich! Ihre unangenehmen Erfahrungen mit Zahlen stammen wahrscheinlich aus dem Mathematikunterricht Ihrer Schulzeit. Glücklicherweise benötigen Sie keine tiefgreifenden mathematischen Kenntnisse, um finanziell erfolgreich zu sein. Es gibt sogar sehr viele, sehr erfolgreiche Personen, die sehr schlechte Schüler waren oder sogar überhaupt keinen Schulabschluss vorzuweisen haben.

Wichtig ist, dass Sie Ihre Abneigung gegen Zahlen überwinden. Wenn Sie ein Programm wie z.B. die Mehr-vom-Geld-Tools nutzen, müssen Sie die Zahlen nur verwalten, aber keine Berechnungen anstellen. Nähern Sie sich den Zahlen also aus der Praxis und Sie werden sehen, dass Sie damit wunderbar zurechtkommen.

Wenn Sie selbst ähnliche Fragen und Zweifel haben, die hier nicht genannt wurden, dann überlegen Sie sich Ihre eigene Antwort. Es geht hier ja nicht um richtig oder falsch, sondern darum, dass Sie über Ihre Einstellung und Meinung nachdenken. Wenn Sie anderer Meinung sind, dann ist das völlig in Ordnung. Aber lassen Sie Ihre Fragen nicht unbeantwortet. Ansonsten werden sie Ihnen keine Ruhe lassen und Sie im Alltag von der so wichtigen Aufgabenumsetzung abhalten.

Das Kapitel auf einen Blick:

- *Dieses Kapitel hat mögliche Fragen zur Überwachung der eigenen Finanzen diskutiert. Sie sollten dabei zu Ihrer eigenen Einstellung finden.*
- *Sie sollten versuchen, sich eigene Fragen selbst zu beantworten. Wichtig ist, dass Sie seine eigene Meinung haben bzw. entwickeln, wie Sie zukünftig mit Ihrem Geld und Geldmanagement umgehen möchten.*

10 DAS MEHR-VOM-GELD-SYSTEM ETABLIEREN

Darum geht es in diesem Kapitel:

- *Warum die Umsetzung des Geldmanagements schwerfallen könnte*
- *Wie Sie Ihren inneren Schweinehund überwinden und dadurch garantiert erfolgreich werden*

Auch wenn Sie davon überzeugt sind, dass ein Geld-Management-System sehr sinnvoll ist, kann dessen langfristige Umsetzung trotzdem sehr herausfordernd sein. Verzweifeln Sie daher nicht, wenn die Einhaltung Ihres Plans nach einem Monat nicht durchgängig geklappt hat. Der Umsetzungsversuch ist tausendmal mehr Wert, als es gar nicht erst zu probieren!

Aber natürlich ist es Ihr Ziel, das Geld-Management-System dauerhaft erfolgreich einzusetzen. Ich werde in diesem Kapitel auf einige Gründe eingehen, warum Ihnen die Umsetzung schwer fallen könnte und was Sie dagegen tun können.

Zunächst einmal möchte ich die Anforderungen erörtern, die Sie an Ihr persönliches Geld-Management stellen sollten. Überprüfen Sie, ob Sie für sich alle Anforderungen erfüllt sehen. Falls nicht, sollten Sie überlegen, was Sie ändern können.

Anforderungen an Ihr persönliches Geld-Management-System

Am Anfang des Buches haben Sie die Top 10 Gründe kennen gelernt, warum es so wichtig ist, sich mit dem eigenen Geld – insbesondere den Ausgaben – zu befassen. Nun ist es damit wie mit der gesunden Ernährung und dem regelmäßigen Sport: bloß weil es sinnvoll ist, bringt es noch lange keinen Spaß. Daher muss es Ziel eines Geldmanagement-Systems sein, das Thema so einfach und so schnell wie möglich erledigen zu können (wenn man damit dann Erfolge erzielt, wird sich auch der Spaß an der Sache einstellen!).

Das Ziel ist, dass Sie die zugehörigen Aktivitäten auf solche Art in Ihren Alltag integrieren, dass sie zu einer Gewohnheit werden. Deren Ausführung wird dann so normal und einfach, dass Sie nicht einmal mehr darüber nachdenken müssen. Und machen Sie sich regelmäßig bewusst, warum Sie das tun und was Sie damit erreichen können.

Stellen Sie diese Anforderungen an Ihr persönliches Geldmanagement-System:

1. Es muss auf Sie zugeschnitten sein

Ich spreche hier von Ihrem persönlichen Geldmanagement-System. Denn es kann nicht ein System für alle Menschen geben. Jeder hat andere Gewohnheiten, Ansprüche, Ziele und Umstände. Es ist daher erforderlich, dass Sie selbst entscheiden, wie Sie das System anwenden. Auf dieser Basis entwickeln Sie dann Ihr ganz persönliches System.

2. Es muss so einfach wie möglich sein

Unser Leben ist heutzutage sehr komplex, insbesondere in Finanzfragen. Die Frage „wie viel gebe ich aus und wie viel nehme ich ein?“ ist jedoch eigentlich sehr einfach beantwortet. Daher ist es sehr wichtig, dieses Thema nicht durch komplizierte Verfahren oder Programme wieder komplex zu machen. Ein paar Seiten Papier mit einigen Zahlen haben vielen Generationen verlässlich als Haushaltsbuch gedient. Dieses Prinzip funktioniert auch heute noch! Und wenn wir einen Computer einsetzen, dann soll er das Thema vereinfachen und nicht verkomplizieren.

3. Es muss flexibel sein

Ein Geldmanagement-System muss so gestaltet sein, dass es sich flexibel an Ihre Situation anpassen kann. Wenn Sie z.B. einige Zeit im Ausland verbringen und deshalb mit zwei Währungen rechnen müssen, dann sollten Sie in der Lage sein, dass System dementsprechend anzupassen. Dies ist ein Argument für den Einsatz der mitgelieferten Vorlagen, da die meisten Computerprogramme zwar etwas mehr Komfort bieten, aber entweder sehr komplex oder sehr unflexibel sind. Die Vorlagen können Sie bei Bedarf auch eine Weile (oder immer) ohne Computer nutzen.

4. Es muss all Ihre Fragen beantworten

Das beste Verfahren nützt wenig, wenn immer nur Informationen hineinfließen, aber nicht hinaus. Wichtig ist daher, dass Sie die wichtigen Informationen mit dem Geldmanagement-System erhalten, z.B. wo die großen Kostenpunkte sind, wie Ihre finanzielle Situation derzeit ist und wie Sie sich entwickelt.
Diese Anforderungen sind selbstverständlich alle grundsätzlich in diesem Buch berücksichtigt. Wichtig ist, dass Sie diese auch beherzigen, wenn Sie an die Umsetzung gehen. Halten Sie es einfach und konzentrieren Sie sich lieber auf eine konsequente Umsetzung.

Das kann schiefgehen und so klappt's garantiert!

Wenn Sie in eine Buchhandlung gehen und einmal im Bereich Selbstmanagement nach vorhandener Literatur schauen, werden Sie dort unzählige Bücher zu diesem Thema entdecken. Auch in manchen Privathaushalten finden sich mehrere Regalmeter derartiger Bücher.

Statistiken zeigen aber, dass die meisten dieser Bücher nur zum Teil oder gar nicht gelesen werden. Ich bin überzeugt, dass man durch das Lesen guter Bücher sehr viel erreichen kann. Aber mit dem Lesen allein ist es nicht getan. Manche Menschen erwarten das leider und kaufen verzweifelt ein Buch nach dem anderen, anstatt sich auf die Umsetzung zu konzentrieren.

Wir alle haben Wünsche, Träume, Bedürfnisse, Launen, Interessen usw. Diese beeinflussen uns in jedem Augenblick und oft führt sie auch zu inneren Auseinandersetzungen. „Der Geist ist willig, aber das Fleisch ist schwach" ist eine bekannte Redensart, die diesen Umstand gut ausdrückt. Gerade solche Dinge, die erst auf lange Sicht ein positives Ergebnis bringen, fallen uns besonders schwer. Daher ist es so unglaublich wichtig, dass wir unsere Tätigkeiten mit einem Ziel verbinden. Ich habe in diesem Buch schon so oft auf das Kapitel 2 verwiesen, weil Sie Ihre eigenen Beweggründe zur Beschäftigung mit Ihren Finanzen genau kennen sollten.

Am besten ist es, wenn man die Ziele mit Emotionen verbindet. Beim Beispiel Finanzen fallen einem ja leicht Situationen und Dinge ein, die man sich mit mehr finanziellem Spielraum leisten könnte. Diese Emotionen sollten Sie im Kopf haben, wenn Sie sich täglich mit Ihren Finanzen befassen. Und genauso können Sie überlegen, was passiert, wenn Sie sich nicht mit Ihrem Geld befassen und Ihre finanzielle Situation sich aus diesem Grund negativ entwickelt. Verbinden Sie diesen Gedanken mit negativen Bildern, um den Druck auf sich zu erhöhen, diese Situation nie eintreten zu lassen.

Wenn es mit der Umsetzung des Geldmanagements nicht klappt, ist dafür meistens eine Kombination der folgenden Gründe verantwortlich:

- ***Ihre Emotionen:*** *Sie haben keine Lust, schieben die Aufgaben vor sich her und finden nicht die Disziplin zur vollständigen Umsetzung.*
- ***Das System an sich:*** *An irgendeiner Stelle ist das System für Sie nicht geeignet. Zum Beispiel, weil Ihre Kategorienliste nicht vollständig ist. In der Folge verbringen Sie zu viel Zeit damit, sind mit dem Ergebnis unzufrieden und verlieren die Motivation.*
- ***Ihr Zeitmanagement:*** *Sie finden keine Zeit dafür oder vergessen es immer wieder.*

Zu diesen Gründen finden Sie in den folgenden Abschnitten die besten Tipps, um den inneren Schweinehund garantiert zu überwinden.

Emotionen und Selbstdisziplin

Wie zuvor schon erläutert, ist es völlig normal für uns, dass uns die Umsetzung mancher Dinge manchmal schwerfällt, obwohl wir uns das festvorgenommen haben. Akzeptieren Sie diese Tatsache und ergreifen Sie Schritte, um Ihr Projekt trotzdem zum Erfolg zu verhelfen. Hier ein paar Tipps, die Ihnen sicherlich nützlich sein werden:

- *Notieren Sie schriftlich Ihre Gründe, warum Sie sich mit Geld mehr auseinandersetzen möchten. Überlegen Sie sich konkrete Situationen, die Sie erleben möchten und schreiben diese ebenfalls auf. Je klarer Sie sich das Ziel vorstellen, desto stärker wird Ihre Fähigkeit, etwas für die Erreichung Ihres Ziels zu tun.*
- *Notieren Sie sich ebenfalls, was passiert, wenn Sie diese Disziplin nicht aufbringen. Überlegen Sie auch hier, welche Situationen auftreten könnten und machen Sie sich klar, warum Sie das nicht wollen.*
- *Führen Sie ein Belohnungssystem ein. So ein System ist sehr effektiv, um sich bei der Etablierung einer neuen Gewohnheit zu unterstützen:*
  Überlegen Sie sich einen Betrag, mit dem Sie sich für jeden Tag belohnen, an dem Sie erfolgreich sind. Zum Beispiel einen Euro.

Addieren Sie für jeden erfolgreichen Tag einen Euro auf Ihr Belohnungskonto. Für jeden Tag, an dem Sie nichts tun, ziehen Sie einen Euro ab.
Am Ende des Monats haben Sie in diesem Beispiel maximal 31 Euro „erarbeitet". Gönnen Sie sich damit etwas Besonderes und genießen Sie Ihre Belohnung mit dem wunderschönen Gefühl, sie auch wirklich verdient zu haben. Variieren Sie dieses System, wie es Ihnen passt. Eine Webseite, die für eine solche Art der Gewohnheitsfestigung gemacht ist, ist Joe's Goals: http://www.joesgoals.com (englische Seite).

- *Lesen Sie Bücher! Es gibt so viele gute Bücher, die Ihnen bei der Erreichung Ihrer Ziele helfen können. Gehen Sie in eine größere Buchhandlung und stöbern Sie in Ruhe in mehreren Büchern herum. Es gibt sehr viele gute Selbstmanagementbücher. Viele beinhalten grundsätzlich ähnliche Aussagen, sind aber anders geschrieben.*
  Gerade bei diesem Thema ist es wichtig, dass Sie den Schreibstil des Autors mögen und das Buch gerne lesen. Schauen Sie auch auf die Amazon-Webseite. Sie finden dort zu jedem Thema viele weitere Buchvorschläge, die sich mit der gleichen Materie befassen.

Das System verbessern

Ein weiterer Grund, weshalb Ihnen die Umsetzung schwerfallen könnte, kann einfach darin liegen, dass irgendetwas noch zu umständlich oder unvollständig ist. Am Anfang dieses Kapitels sind grundsätzliche Anforderungen an ein persönliches Geldmanagementsystem genannt. Prüfen Sie, ob das alles bei Ihnen zutrifft.

Immer wenn Sie an einen Punkt kommen, an dem Ihnen der nächste Schritt unklar ist, denken Sie genau darüber nach. Lesen Sie bei Bedarf die entsprechenden Kapitel dieses Buches nochmal. Schauen Sie sich Ihre Notizen zur Umsetzung erneut genau an. Müssen Sie vielleicht etwas ändern? Passen Ihre Kategorien? Wie praktisch ist Ihr Erfassungsprozess? Was können Sie vereinfachen?

Da ich Ihre Lebensumstände nicht genau kenne, kann ich Ihnen kein System vorschlagen, das zu 100% maßgeschneidert und exakt auf Ihren Alltag ausgerichtet ist. Daher beschreibe ich in diesem Buch ein allgemeines Vorgehen, das für alle geeignet ist. Damit ist das System zu 90% vollständig. Aber die letzten 10% müssen Sie selbst gestalten. Stellen Sie daher regelmäßig Überlegungen an, an welchen Punkten Sie etwas verbessern können.

Zeitmanagement und Selbstorganisation

Neben den psychologischen Fallen ist häufig auch fehlende Selbstorganisation der Grund dafür, dass wir Dinge nicht erledigen, wie wir uns das wünschen. Auch zu diesem Thema gibt es unzählige Bücher und Ansätze.

Zunächst ist eins wichtig: Wenn Sie den Eindruck haben, dass Sie nicht genügend Zeit haben, dann benötigen Sie ein System, um Ihre Zeit zu planen und bewusst zu nutzen. Es gibt hier viele Parallelen zum Geldmanagement. Auch für die Zeit gilt, dass unser Leben heutzutage oft mit sehr vielen verschiedenen Dingen und Aufgaben gefüllt ist. Es gibt viele Kommunikationsmedien. E-Mail, Handy, SMS, Foren, Twitter, Social Networks. Und es gibt viele verschiedene Bereiche, die ihre eigenen Anforderungen an uns haben: Beruf, Privatleben, Interessen, Partner, Freunde, Familie...

Sich alle Aufgaben in jedem Bereich zu merken und zur richtigen Zeit auszuführen, ist oft nicht möglich. Extrem viel Effizienz können wir einfach schon dadurch entwickeln, dass wir planen und Dinge sinnvoll miteinander verbinden. Das ist ja auch der Grund dafür, dass in Deutschland über 80% der Menschen mit einem Einkaufszettel in den Supermarkt gehen.

Ich möchte Ihnen in diesem Zusammenhang das kostenlose E-Book „Zen to Done“ empfehlen, das auf dem Prinzip „Getting Things Done“ des Amerikaners David Allen beruht. In dem E-Book finden Sie einen ausgezeichneten Einstieg in das Thema Selbstorganisation. Sie finden die deutsche Übersetzung des E-Books auf dieser Webseite: *http://imgriff.com/serien/zen-to-done/*

In Bezug auf das Geldmanagement empfehle ich Ihnen, dass Sie jeden Tag zur gleichen Zeit darüber nachdenken, ob Sie alle Ausgaben notiert haben. Das können Sie zum Beispiel erledigen, wenn Sie nach Hause kommen oder auch morgens, bevor Sie das Haus verlassen. Wichtig ist, dass Sie daraus eine Gewohnheit machen. Und genauso sollten Sie regelmäßig einmal in der Woche Zeit für den Aktualisierungsschritt reservieren.

Nehmen Sie sich diese Zeit und lassen Sie sich dann von nichts und niemandem ablenken. Umso schneller und effektiver haben Sie alles erledigt.

Workbook-Aufgabe 16:

Wenn Ihnen die Umsetzung schwerfällt, überlegen Sie, welche Gründe bei Ihnen dafür verantwortlich sind.
Sind Sie vielleicht vom Sinn Ihrer Handlungen noch nicht überzeugt? Finden Sie keine Zeit? Untersuchen Sie das Ergebnis in Ruhe und überlegen Sie, was Sie dagegen tun können. Nutzen Sie die Tipps aus diesem Kapitel.

Das Kapitel auf einen Blick:

- *Wenn es mit der Umsetzung nicht klappt, liegt das üblicherweise an einer Kombination dieser Gründe: Den eigenen Emotionen, dem System an sich oder an nicht ausreichender Selbstorganisation.*
- *Für alle drei Bereiche wurden in diesem Kapitel Tipps und weiterführende Empfehlungen aufgeführt, die Ihnen bestimmt weiterhelfen.*

11 IHRE EINSTELLUNG ZU GELD: KONSTRUKTIV ODER DESTRUKTIV?

Ein weiser Mann hat Geld im Kopf,
aber nicht in seinem Herzen.
(Jonathan Swift)

Darum geht es in diesem Kapitel:

- *Geld und Emotionen treten oft gemeinsam auf*
- *Ihre Einstellung zum Geld legt den Grad Ihres Erfolgs fest*
- *Wie Sie Ihre unbewussten Glaubenssätze aufdecken und bei Bedarf ändern*

Im Volksmund gibt es viele Sprichwörter über Geld. Viele davon sind negativ behaftet:

- *Geld verdirbt den Charakter*

- *Geld ist die Wurzel allen Übels*
- *Geld wächst nicht auf Bäumen*
- *Mit Geld kann man sich nicht alles kaufen*
- *Geld regiert die Welt*

Diese Aussagen haben eins gemeinsam: Sie schreiben dem Geld bestimmte Eigenschaften zu und emotionalisieren Sie es. Abhängig von unserem Umfeld haben wir derartige Aussagen über lange Jahre tief verinnerlicht. Und dies kann zu einem Problem werden. Denn wir sind uns darüber oft gar nicht bewusst.

Leider ist es in unserer Gesellschaft stark verbreitet, über Geld und Finanzen zu jammern und sich auf negative Aspekte zu konzentrieren. Die Massenmedien bringen jeden Tag negative Schlagzeilen über steigende Preise, über Betrugsskandale und gierige Manager. Das ist natürlich nicht alles erfunden, sondern es gibt wirklich Unschönes zu berichten. Aber all das Positive, das es über unseren Wohlstand und viele erfolgreiche Menschen - die so viel Gutes erschaffen -zu sagen gäbe, bleibt unerwähnt. Daher entwickeln wir ein falsches und stark negatives Bild von Wohlstand und Geld.

Aber solche unbewussten Glaubenssätze haben eine große Wirkung auf unser Handeln. Wenn Sie unbewusst der Auffassung sind, dass Geld den Charakter verdirbt, wie werden Sie sich dann fühlen, wenn Sie Ihr Geld verwalten? Es wird zu einer negativen Tätigkeit, die Sie vermeiden werden. Mit dieser Überzeugung werden Sie es nicht schaffen, sich regelmäßig mit dem Thema auseinanderzusetzen. Das schwierige daran ist aber, dass dies meistens keine klaren Gedanken sind, sondern dass sich solche Überzeugungen eher in unbestimmten Gefühlen ausdrücken.

Es ist daher ganz wichtig, dass Sie sich einmal selbst fragen, was eigentlich Ihre Einstellung zum Geld ist. Welche Gefühle Sie haben, wenn Sie darüber nachdenken. Wie Sie finanziell in 10 Jahren dastehen möchten. Und warum Sie das eigentlich wollen.

Am Kapitelanfang finden Sie ein Zitat von Jonathan Swift: Ein weiser Mann hat Geld im Kopf, aber nicht in seinem Herzen. Geld im Kopf zu haben heißt, sich mit Geld zu befassen und auseinanderzusetzen. Geld soll aber nicht zu einer emotionalen Herzensangelegenheit werden.

Es spricht nichts dagegen, wenn Sie mit finanziellen Zielen auch Emotionen verbinden, zum Beispiel Lebensumstände und Möglichkeiten, die Ihnen offen stünden. Das ist sogar sehr sinnvoll, denn es gibt Ihren finanziellen Zielen einen Sinn. Wenn es aber um den konkreten Umgang mit Geld geht, dann sollten Sie klar denken können und zum Beispiel Investmententscheidungen möglichst ohne Emotionen treffen.

Machen Sie sich klar, dass Geld erst einmal völlig neutral ist. Sie können Ihr Geld auf gute und auf schlechte Weise verdienen. Und Sie können mit dem verdienten Geld Gutes und Schlechtes bewirken. Es ist nicht das Geld, das Eigenschaften hat, sondern die Menschen, die es erwerben, besitzen und ausgeben.

Sie müssen nun herausfinden, ob Sie eine konstruktive oder eine destruktive Einstellung zu Ihrem finanziellen Erfolg haben. Sind Sie auf Erfolg programmiert oder sabotieren Sie sich selbst? Die folgende Übung wird Ihnen helfen, das herauszufinden.

Workbook-Aufgabe 17:

Nutzen Sie das Workbook für die folgenden Aufgaben. Machen Sie sich Notizen und kehren Sie einige Tage später wieder zu der Übung zurück, um sie erneut durchzuführen. Behalten Sie die nachfolgenden Fragen wenn möglich auch im Kopf und denken Sie in verschiedenen Situationen über sie nach.

Überlegen Sie bitte, welche Einstellung Sie zu Geld haben. Beantworten Sie dazu folgende Fragen:

1. *Was empfinden Sie, wenn Sie über Geld nachdenken? Beschreiben Sie Ihr Gefühl und die Bilder, die Sie dabei im Kopf haben. Was fällt Ihnen dabei ein?*
2. *Was empfinden Sie, wenn ein Freund zu Ihnen sagt „Ich möchte reich sein“? Halten Sie das für möglich? Werden Sie ihn unterstüt-*

zen und bekräftigen oder werden Sie ihm das ausreden wollen?

3. *Möchten Sie selbst wohlhabend sein? Können Sie sich das vorstellen und was empfinden Sie, wenn Sie sich daran denken, anderen von diesem Ziel zu erzählen?*
4. *Reden Sie offen über Ihre finanziellen Ziele mit Freunden oder Ihrer Familie? Falls nein, warum nicht?*
5. *Sie gehen an einem Geschäft vorbei, in dem ein paar Schuhe 1.500 € kostet. Was denken Sie über die Menschen, die mit mehreren Tüten aus diesem Geschäft kommen?*
6. *Eine Schulfreundin oder ein Schulfreund von Ihnen fährt beim Klassentreffen mit einem Ferrari vor. Was empfinden Sie dabei?*
7. *Wenn Sie fünf Jahre in die Zukunft denken, was für ein Bild Ihrer finanziellen Situation malen Sie sich aus?*
8. *Wenn Sie mit Freunden und Kollegen über Geld reden, worum geht es dann genau und ist es eher eine positive oder eine negative Unterhaltung?*

Diese Fragen können Ihnen dabei helfen, Ihren unbewussten Überzeugungen auf die Spur zu kommen. Denken Sie darüber nach, wie gerechtfertigt diese Überzeugungen sind. Wenn Sie bei den Fragen unangenehme Gefühle, Zweifel oder sogar negative Gefühle hatten, müssen Sie deren Auslöser auf den Grund gehen.

Es geht hier nicht darum, Geld und Reichtum zu verherrlichen. Viele negative Schicksale und Entwicklungen sind auf Geldgier zurückzuführen. Aber nur, weil es diese Charaktereigenschaft grundsätzlich gibt, ist Geld und das Streben danach an sich noch nichts Schlechtes. Es geht hier darum, dass Sie unbewussten Pauschalmeinungen auf die Spur kommen. Sie sollen Ihren eigenen Zielen nicht unterschwellig im Weg stehen.

Hier ein Beispiel für eine destruktive Einstellung:

- *Geld macht alle Menschen gierig*

- *Die Reichen nutzen die Ärmeren doch nur aus*
- *Geld ist ein notwendiges Übel in meinem Leben*
- *Ich hätte gerne mehr Geld, aber mir fehlen die Voraussetzungen dafür*
- *Das neue Auto haben meine Nachbarn doch sicherlich nur auf Kredit gekauft. Mit ehrlicher Arbeit allein könnten Sie sich das sicher nicht leisten!*
- *Jede Gehaltserhöhung wird doch durch höhere Preise und Steuern wieder aufgefressen*

Das ist natürlich leicht übertrieben und sicherlich werden Sie die Welt nicht so schwarz sehen. Wenn Sie aber Ihre finanzielle Zukunft grau und trostlos visualisieren, dann wird es Ihnen sehr schwer fallen, sich finanziell zu verbessern. Und Sie werden es niemals zu Wohlstand bringen können, wenn Sie der generellen Meinung sind, dass alle Wohlhabenden Verbrecher und Betrüger sind. Überlegen Sie, wo Sie Negatives mit finanziellem Erfolg verbinden können und wie überzeugt Sie vom eigenen Erfolg sind.

Eine konstruktive Einstellung sieht zum Beispiel so aus:

- *Geld ist ein neutrales Tauschmittel. Ich weiß, dass ich mit Geld Sinnvolles und Gutes bewerkstelligen kann*
- *Viele reiche Personen haben sich ihren Erfolg verdient und viele andere haben davon profitiert*
- *Wenn ich mein Geld kontrolliere und konsequent am Vermögensaufbau arbeite, kann ich auch große finanzielle Ziele erreichen*
- *Ich habe eine klare positive Vorstellung von meiner finanziellen Situation in fünf Jahren*
- *Ich habe die feste Absicht, etwas für meine finanzielle Situation zu tun*

Workbook-Aufgabe 18:

Um negative Überzeugungen zu überwinden und positive zu festigen, schreiben Sie Ihr positives Bild von Ihnen und Ihrem finanziellen Erfolg auf. Nutzen Sie ganze Sätze. „Ich werde mit Geld erfolgreich umgehen, weil …".

Arbeiten Sie regelmäßig an diesem Bild und überprüfen Sie dabei, ob Sie das Gefühl haben, dass Sie sich das nur einreden wollen oder ob Sie wirklich davon überzeugt sind, dass Sie finanziell erfolgreich sein können. Wenn Sie negative Prägungen überwinden wollen, werden Sie etwas Zeit benötigen. Konzentrieren Sie sich auch auf Ihre Aktivitäten. Je mehr Sie aktiv für Ihren finanziellen Erfolg leisten, desto schneller werden Sie auch von Ihrem Erfolg überzeugt sein.

Tagebuch über Ihren Finanzerfolg

Ein sehr gutes Mittel, um „finanzielles Selbstbewusstsein" zu entwickeln, ist ein Tagebuch über Ihre Aktivitäten. Schreiben Sie jeden Tag auf, was Sie für Ihren finanziellen Erfolg getan haben. Das können auch ganz kleine Dinge sein. Etwas Geld gespart, einen Finanzartikel gelesen, einen Vertrag gekündigt, den Mehr-vom-Geld-Prozess genutzt …
Ihr Tagebuch wird nach kurzer Zeit der Beweis dafür sein, dass Sie auf dem richtigen Weg sind und Sie gleichzeitig motivieren, auf diesem Weg zu bleiben!

Checkliste zur Erfolgskontrolle und –motivation

Um die eigene Disziplin zu verbessern, kann die Führung einer täglichen Checkliste hilfreich sein, die sich mit Ihrer

Tagesplanung beschäftigt. Zum Beispiel: 10 Min. Morgensport, Tagesplanung, Ausgaben erfassen, vor dem Zubettgehen entspannen. Machen Sie eine Tabelle, in der Sie für jeden Punkt jeden Tag wenn Sie ihn erledigt haben einen Erledigt-Haken setzen. Diese einfache Tätigkeit wird Sie bereits motivieren, Ihr Vorhaben auch wirklich umzusetzen. Wenn Sie eine Woche voller Erledigt-Haken haben, wird Ihnen das ein sehr gutes Gefühl geben.

Das Kapitel auf einen Blick:

- *Viele Menschen haben eine unbewusste Einstellung zu Geld und finanziellem Erfolg. Es ist wichtig, sich darüber klar zu werden, was die eigene Einstellung ist und ob diese richtig ist.*
- *Mit klaren Überlegungen kann man die eigene Einstellung erkennen.*
- *Um negative Einstellungen zu überwinden, muss man aktiv daran arbeiten. Eine Verbindung von positiven Bildern mit aktivem Handeln führt am schnellsten zum Erfolg.*

12 FINANZIELLE BILDUNG: DAS GELD VERSTEHEN LERNEN

Darum geht es in diesem Kapitel:

- *Warum finanzielle Bildung jeden angeht*
- *Was das ist und wie Sie Ihre finanzielle Bildung verbessern können*
- *Fragen, die Sie zu jeder Anlage stellen sollten*

Dass Geld eine sehr zentrale Rolle in unserem Leben spielt, habe ich nun schon mehrfach erwähnt. Dennoch möchte ich jetzt erneut darauf eingehen. Die eigenen Finanzen nehmen viele Menschen nicht sehr ernst – höchstens, indem sie sich beklagen und bedauern. So ist das Verständnis vieler, dass man an der eigenen finanziellen Situation wenig ändern könne. Man verdient eben eine gewisse Summe und gibt einen bestimmten Betrag aus. Und so ist das Leben.

Sie wissen, dass das nicht stimmt und bereits ein einfaches Management der Einnahmen und Ausgaben eine wesentliche Verbesserung bringen kann. Aber natürlich gibt es mehr, dass Sie tun können, um Ihre finanzielle Lage zu verbessern.

Und damit sind wir beim Thema „finanzielle Bildung“. Finanzielle Bildung bedeutet ganz einfach die Fähigkeit, mit Geld umgehen zu können. Dazu gehört zum Beispiel ein Grundverständnis vom Geldsystem, Anlageformen, Finanzprodukten, die Wirkung von Inflation und Deflation, Zinsen und Zinseszinsen. Dieses Wissen in Verbindung mit eigenen finanziellen Zielen kann jeden auf die finanzielle Überholspur bringen. Leider werden Finanzthemen sowohl im Schulsystem als auch in Familien und im Freundeskreis kaum beachtet und oft sogar gemieden.

Die Commerzbank hat in einer Studie[1] herausgefunden, dass die finanzielle Bildung in Deutschland sehr gering ist. Geld ist in Deutschland oft ein Tabuthema und deswegen wird darüber nicht geredet. Das hat fatale Folgen, wenn man sich die Schuldenstatistik der Privathaushalte anschaut. Und wenn in einigen Jahren eine Generation in das Rentenalter kommt, die nicht mehr von den staatlichen Renten leben kann, wird sich zeigen, wer rechtzeitig vorgesorgt hat.

Daher ist es so wichtig, sich mit dem Thema auseinanderzusetzen und auch zu handeln. Das bloße Wissen reicht ja nicht. Das Handeln ist ebenso entscheidend.

Die Finanzindustrie ist riesig und vielfältig und alle möchten an Ihnen verdienen und Ihnen Produkte verkaufen. Dass in dem Zusammenhang oft keine Beratung, sondern eher ein Verkaufsgespräch stattfindet, ist eine logische Folge. Nur wenn Sie sich selbst ausreichend mit der Thematik beschäftigen, können Sie eine gute Entscheidung treffen. Wie tief Sie in die Thematik eintauchen möchten, bleibt Ihnen überlassen. Sie können auch erfolgreich sein, wenn Sie sich darauf konzentrieren, ein gutes Grundverständnis zu bekommen. Wichtig ist, dass Sie jede Finanzentscheidung selbst treffen und auch selbst verstehen. Ein „gutes Gefühl“ reicht nicht aus, wenn Sie das Produkt nicht verstehen.

[1]https://www.commerzbank.de/de/hauptnavigation/konzern/engagement/gesellschaft/ideenlabor/Finanzielle_Allgemeinbildung.html

Überlegen Sie bei jedem Gespräch mit einem „Finanzberater", ob er daran verdient, dass Sie einen Vertrag unterschreiben. Falls ja, sollten Sie immer skeptisch sein, ob das empfohlene Produkt wirklich für Sie geeignet ist oder vor allem gut für die Provision des Finanzberaters ist.

Bevor Sie sich mit Finanzprodukten auseinandersetzen, sollten Sie zunächst Ihre finanziellen Ziele festlegen. Je konkreter diese sind, desto leichter werden Sie sie umsetzen können. Versuchen Sie die folgenden Fragen zu beantworten:

- *Was kann ich mir heute leisten? (die eigene finanzielle Situation kennen)*
- *Was möchte ich finanziell erreichen? (die eigenen finanziellen Ziele definieren)*
- *Was kann ich tun, um dorthin zu gelangen? (finanzielle Bildung)*

Diese Fragen ziehen natürlich noch sehr viele Detailfragen nach sich. Dieses Buch hilft Ihnen vor allem bei der Beantwortung der ersten Frage. Mit Frage 2 sollten Sie sich selbst auseinandersetzen. Gleiches gilt für Frage 3. Viele hilfreiche Tipps und Hinweise finden Sie in meinem Newsletter und meinem Blog. Damit kann ich Sie zwar unterstützen, Ihnen aber nicht die eigentliche Arbeit abnehmen.

Aber keine Panik. So kompliziert ist es gar nicht. Wir haben oft die Vorstellung, dass die Finanzwelt unglaublich kompliziert ist. Im Detail von Verträgen und Finanzmathematik ist es das auch, aber allem liegen einfache Grundprinzipien zu Grunde. Diese Grundprinzipien zu verstehen, ist das Ziel von finanzieller Bildung. Leider hilft die Finanzmedienwelt hier selten weiter. Man findet dort Informationen, die oft nur verständlich sind, wenn man schon tiefe Detailkenntnisse hat. Oder die Informationen sind so oberflächlich, dass sie wertlos sind. Sehr selten sind Basisinformationen zu bekommen, die zum Verständnis der Prinzipien beitragen.

Gehen Sie daher jetzt nicht los, um sich eine Börsenzeitung zu kaufen. Diese wird Ihnen nicht weiterhelfen. Lesen Sie lieber Bücher. Fangen Sie dort an, wo sich Ihr derzeitiger Kenntnisstand befindet. Fragen Sie sich ganz ehrlich, wie gut Sie die folgenden Themen kennen:

- *Die Wirkung von Zinseszinsen*
- *Inflation/Deflation: Was passiert dabei und welche Auswirkungen hat das?*
- *Welche grundsätzlichen Anlageformen gibt es?*
- *Was ist ein effektiver Jahreszins?*
- *Was sind Altersvorsorge-Produkte und wie funktionieren Sie?*
- *Wie funktioniert die Abgeltungssteuer?*
- *Welche Renditen sind für verschiedene Anlageformen realistisch?*

Das ist eine willkürliche Liste von Themen, die nicht sehr kompliziert sind, wenn man nur die grundsätzliche Funktionsweise verstehen will. Sie werden aber selten einfach erklärt und in der Schule kaum gelehrt. Wir bleiben daher alle Finanz-Analphabeten, wenn wir uns nicht aus eigenem Antrieb mit diesen Themen befassen. Beginnen Sie daher mit einfachen Themen und überlegen Sie, wie gut Sie diese verstanden haben. Eine gute Quelle ist zum Beispiel Wikipedia, da man dort am ehesten einfache und unabhängige Informationen findet. Ich greife in meinem Newsletter diese Themen immer wieder auf und gebe Hinweise zu guten Informationsquellen.

Konzentrieren Sie sich zunächst auf die Umsetzung Ihres Geldmanagements. Ihre Aufmerksamkeit gegenüber Finanzthemen wird dadurch automatisch stark steigen. Entwickeln Sie den Anspruch, dass Sie zumindest die Grundprinzipien von Finanzprodukten verstehen. Sie müssen kein Finanzexperte sein. Aber Sie sollten in der Lage sein, selbst entscheiden zu können, was gut für Sie ist.

Bei Konsumprodukten wissen wir ganz genau, dass Verkäufer uns gerne eine teure Couch, einen großen Fernseher oder einen Oberklasse-Wagen verkaufen wollen. Es sind Verkäufer und das ist ihre Arbeit. Wir sind aber in der Lage für uns zu entscheiden, was wir wollen und überlassen die Entscheidung nicht dem Verkäufer.

Bei Finanzberatern sieht das anders aus. Viele Menschen sind froh, wenn Ihnen jemand das Gefühl gibt, dass er genau das richtige Produkt kennt. Sie müssen dann keine eigene Entscheidung treffen und vertrauen sich blind dem „Experten“ an. Aber ihnen sitzt meistens ein Verkäufer gegenüber, der vor allem durch die Provision, die er am Verkauf verdient, motiviert ist.

Natürlich sind nicht alle Finanzberater unseriös und alle Empfehlungen schlecht. Aber wie im Autohaus sollte man die Informationen vergleichen, durchdenken und am Ende eine eigene Entscheidung treffen. Beim Autokauf werden wir ja auch keinen zweisitzigen Sportwagen kaufen, wenn wir einen Lieferwagen brauchen.

Das Kapitel auf einen Blick:

- *Finanzielle Bildung bedeutet, Geld und Finanzmärkte zumindest in den Grundzügen zu verstehen und mit Geld im Alltag umgehen zu können.*
- *Da finanzielle Bildung kaum im Elternhaus oder in der Schule vermittelt wird, liegt es im Interesse eines jeden Einzelnen, sich damit selbst zu befassen.*
- *Finanzielle Bildung heißt nicht, dass man alles wissen muss. Aber man sollte die richtigen Fragen stellen können und in der Lage sein, sich eine eigene Meinung zu bilden.*

13 GRUNDLAGEN DES VERMÖGENSAUFBAUS

Darum geht es in diesem Kapitel:

- *Was ist Vermögensaufbau*
- *Warum ein hohes Einkommen nicht automatisch zu Vermögensaufbau führt*
- *Prinzipien, um Vermögen aufzubauen*

In diesem Kapitel geht es um die Grundlagen des Vermögensaufbaus. Dieses Thema gehört zur finanziellen Bildung und ist von so entscheidender Bedeutung, dass es in diesem Buch nicht fehlen darf, auch wenn es nur eine Einführung ist. Durch Unkenntnis und zu wenig Aufmerksamkeit kommt es vor, dass selbst hochgebildete Personen oft ihr Leben lang finanziell abhängig bleiben, da Sie nie verstanden haben, wie man langfristig Vermögen aufbaut.

Zum Vermögensaufbau gehören ganz einfache Prinzipien, die trotzdem oft vernachlässigt werden. Diese Prinzipien ändern sich auch nicht dadurch, dass neue Investitionsformen erfunden werden oder neue Zahlungsmittel auf den Markt kommen. Dieses Kapitel ist eine sehr komprimierte Einführung in die Thematik und kann das Thema nur anreißen. Ich möchte Sie daher ermutigen, sich darüber hinaus weiter damit zu befassen.

Was ist eigentlich Vermögen? Als Vermögen eines Menschen wird allgemein die Gesamtheit seines Besitzes verstanden. Dieses im Laufe des Lebens zu vergrößern, ist das Ziel der meisten Menschen.

Es ist ein großer Irrtum vieler Personen, dass ein hohes Einkommen automatisch zu Vermögen führt. Das ist ein Denkfehler. Denn wenn jemand zwar sehr viel verdient, aber ebenso hohe Ausgaben hat, dann lebt er am Rande seiner Möglichkeiten und baut kein Vermögen auf. Um Vermögen aufzubauen, muss man Geld ansparen und investieren. Das gilt für alle Einkommensklassen.

Es kommt also zunächst nicht auf die Höhe des Einkommens an, sondern auf das Verhältnis zwischen Einkommen und Ausgaben. Die folgende Grafik zeigt drei verschiedene Einnahme-Ausgabe-Typen:

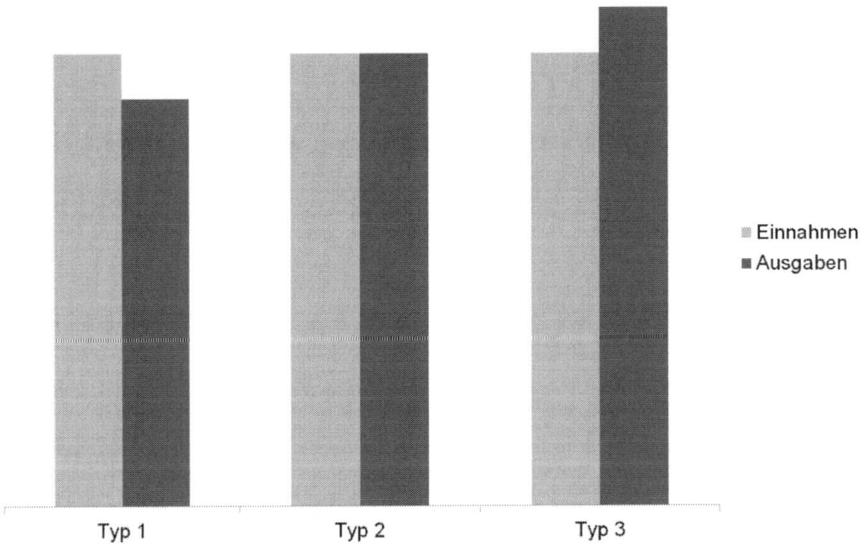

Typ 1 lebt im Rahmen seiner Möglichkeiten und kann pro Monat 10% seines Einkommens sparen. Typ 2 gibt das gesamte Einkommen auch wieder aus und kann daher nichts sparen. Und Typ 3 gibt mehr aus als er verdient – durch Konsumkredite, Ratenkäufe und Kreditkarten ist das ja problemlos möglich.

Das Verhältnis von Einnahmen zu Ausgaben ist völlig unabhängig von der Höhe des Einkommens. Nur Typ 1 kann Vermögen aufbauen. Nun könnten Sie entgegnen, dass auch Typ 2 ja etwas für sein Geld kauft und das in sein Vermögen übergeht. Das stimmt schon. Nicht alle Ausgaben fließen in flüchtige Werte wie Reisen, Unterhaltung und Lebensmittel. Wenn jemand ein Auto kauft, dann hat dies natürlich einen Wert und gehört nach dem Kauf zum Vermögen. Aber leider verliert ein Auto sehr schnell an Wert und genauso geht es mit nahezu allem, was man sich für die persönliche Nutzung anschafft.

Daher kann man ehrlicherweise nicht von „Vermögensaufbau" reden, wenn jemand ein Auto kauft, dass im ersten Jahr 15% Wertverlust erleidet. Unter Vermögensaufbau verstehe ich hier nur Aktivitäten, die bewusst zum Zweck der Vermögensvermehrung durchgeführt werden. Unter diesem Aspekt betreibt jemand, der jeden verdienten Euro in selbstgenutzte Konsumgüter steckt, keinen Vermögensaufbau.

Vermögensaufbau funktioniert immer nach diesem Prinzip:

Geld verdienen => Geld sparen => Geld investieren

Wie schnell man Vermögen aufbaut liegt daher vor allem daran, wie viel man spart und wie gut man investiert. Ein höheres Einkommen führt nur dann schneller zu Vermögen, wenn auch eine höhere Sparrate genutzt wird.

Natürlich gibt es noch viel mehr Möglichkeiten, um in Besitz von Geld zu kommen. Erbschaft, Geschenke, Gewinne usw. Aber diese Art des Vermögenszuwachses unterliegt nicht Ihrer Kontrolle und wenn Sie mal etwas gewinnen, werden Sie das nicht dauerhaft wiederholen können. Ihr eigenes Geld können Sie nur durch Sparen und Investitionen vermehren.

Bei Topverdienern entsteht natürlich Vermögen allein durch das Einkommen. Diese Personen „sparen" dann automatisch, da sie so viel verdienen, dass sie nicht alles ausgeben können. Diese Gruppe lassen wir einmal außen vor. Zumal die auch sehr Reichen schon oft gezeigt haben, dass auch große Vermögen endlich sind und verschwendet werden können.

Wichtig ist also, vom verdienten Geld einen Teil zu sparen. Aber warum sollte man den investieren? Das ist doch mit Aufwand und Risiko verbunden! Wäre es da nicht viel einfacher, wenn man nur spart, bis man eine große Menge Geld beisammen hat?

Die Möglichkeiten der Geldvermehrung durch Investments werden gerade durch Geringverdienende leider oft sträflich vernachlässigt. Unternehmen und Organisationen und auch Staaten auf der ganzen Welt benötigen die Möglichkeit, sich Gelder zu leihen. Kredite sind in unserem Wirtschaftssystem ganz entscheidend, damit Unternehmen arbeitsfähig bleiben. Während der Wirtschafts- und Bankenkrise war öfter von der gefürchteten „Kreditklemme" die Rede. Diese ist dann erreicht, wenn nicht genügend Kreditgeber vorhanden sind, um den Bedarf zu decken.

Sie können als Privatperson ebenfalls zum Kreditgeber werden, indem Sie investieren. Sie legen Ihr Geld an – können dann also darüber erst einmal nicht verfügen – und erhalten dafür eine Rendite in Form von Zinsen. Als „das Geld arbeiten lassen" wird dies oft bezeichnet. Sie erreichen damit zwei Dinge im Vergleich zum reinen Ansparen von Geld: Ihr Geld wird vermehrt und Sie wirken der Inflation entgegen.

Unser Wirtschaftssystem ist so aufgebaut, dass immer eine kleine Inflation benötigt wird, um alles in Schwung zu halten. Inflation bedeutet ja eine zeitlich bedingte Geldentwertung. Das Geld ist somit in der Zukunft weniger wert als heute. Wenn Sie also nur Geld ansparen und es liegen lassen, dann wird verliert es mit der Zeit immer mehr an Wert. Dem können Sie nur entgegenwirken, indem Sie es anlegen.

Wahrscheinlich haben Sie ähnliche Beispiele wie die folgenden schon einmal gesehen. Es ist aber immer wieder wichtig, sie sich vor Augen zu führen. Es geht um den Zinseszinseffekt. Geld anzulegen ist ja schon vom ersten Jahr an sinnvoll, aber interessant wird es in Bezug auf Vermögensaufbau, wenn man die erhaltenen Zinsen erneut anlegt. Diese können dann im zweiten Jahr ebenfalls Zinsen bringen – diese Zinsen von den Zinsen sind die Zinseszinsen. Wenn man so immer wieder die Zinsen anlegt und

„weiterarbeiten" lässt, wird die Entwicklung nach einigen Jahren sehr interessant.

Hier das Beispiel, wenn man die Zinsen nicht wieder anlegt. 100 € werden einmalig angelegt und jährlich mit 5% verzinst. Innerhalb von 10 Jahren entwickelt sich die Anlage folgendermaßen:

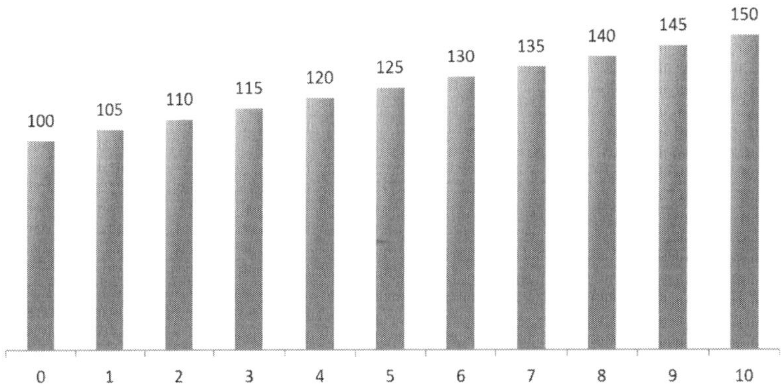

So sieht es aus, wenn man die Zinsen immer wieder anlegt – es ist die gleiche Anlage, nur dass die Zinsen jeweils wieder mit angelegt werden:

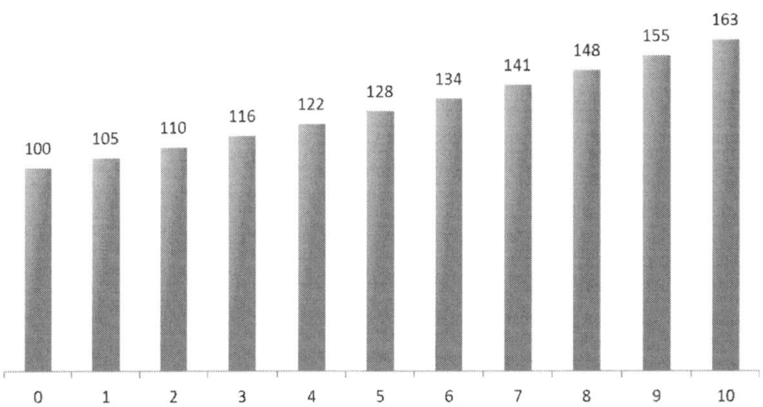

Bei der doppelten Laufzeit baut die Zinseszins-Anlage den Vorsprung aus. Hier die Übersicht bei 20 Jahren Anlagezeit bei einfacher Verzinsung:

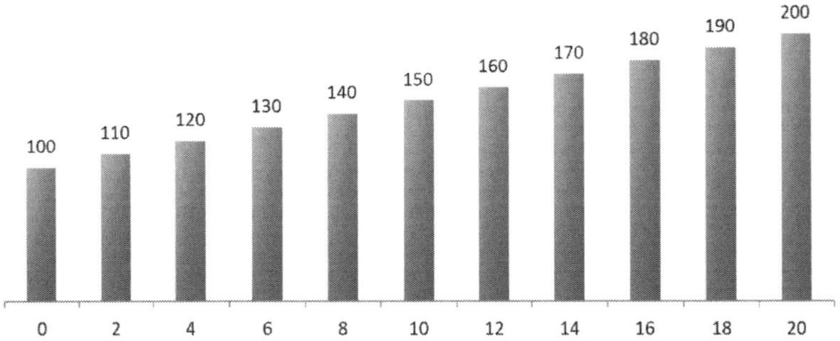

Mit Wiederanlage der Zinsen:

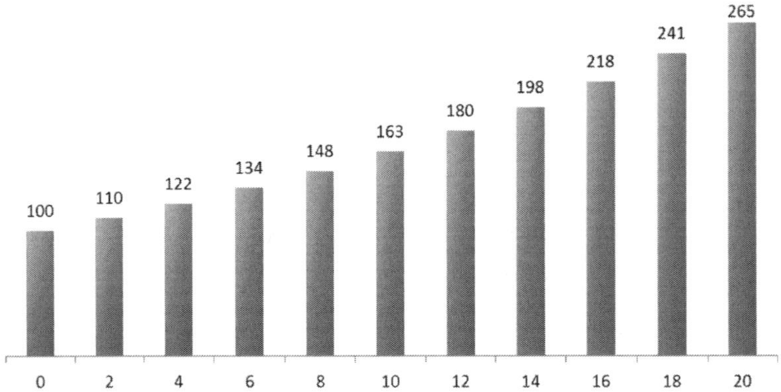

In diesem Beispiel hat die Zinseszins-Anlage nach 35 Jahren gegenüber der einfachen Anlage den Wert verdoppelt. Nach 50 Jahren ist sie mehr als dreimal so viel wert.

Einfache Verzinsung:

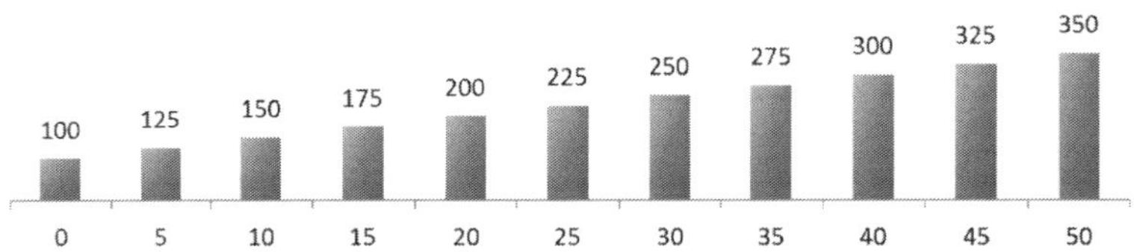

Mit Wiederanlage der Zinsen:

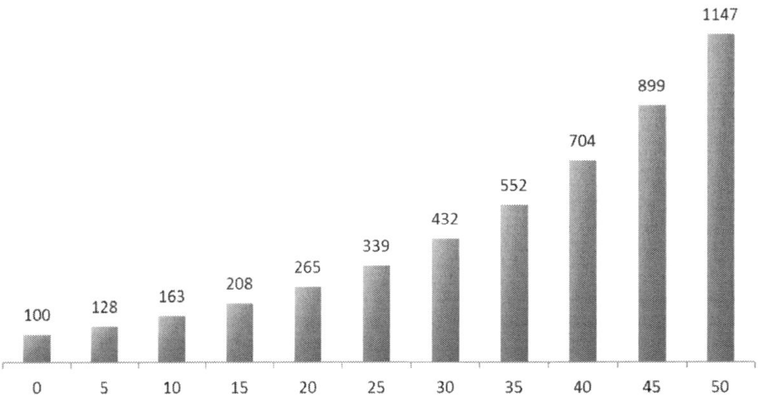

Auch wenn Sie diesen „Effekt“ schon lange kennen sollten, kann ich Ihnen nur empfehlen, dass Sie sich dies immer wieder vor Augen führen.

Wie entwickelt es sich zum Beispiel, wenn Sie statt 5% jährlicher Verzinsung 6% erreichen? Oder zu welchem Vermögen kommen Sie, wenn Sie monatlich 50 € anlegen? Auf folgender Internetseite finden Sie einige Zinsrechner, die Ihnen genau zu diesen Fragen die Werte ausrechnen. Spielen Sie einmal ein bisschen damit herum:

http://www.zinsen-berechnen.de/zinsrechner.php

Je höher das angelegte Grundkapital, desto „interessanter“ ist natürlich der Vermögensanstieg durch die Verzinsung. Daher ist es so unglaublich wichtig für den Vermögensaufbau Kapital zu sparen. Je mehr man bereits hat, desto schneller geht es. Das angesparte Kapital wird also gar nicht für den späteren Verbrauch gespart, sondern um als Investment zu „arbeiten“. Wenn Sie eine Million Euro mit 5% anlegen können, dann „verdient“ die Million Jahr für Jahr 50.000 €. Da dies völlig ohne Ihr Zutun verdient wird, bezeichnet man dies als passives Einkommen.

In der Praxis findet man natürlich alle Mischformen. Geld wird angespart, angelegt, eine Weile investiert gelassen, ausgezahlt, geteilt, zum Teil ausgegeben, zum Teil wieder angelegt und so weiter. Die beste Form des Vermögensaufbaus betreibt man aber dann, wenn man Kapital anspart, um passives Einkommen aufzubauen – man lässt sich dann also nur die Renditen auszahlen. Im besten Fall sind diese irgendwann so hoch, dass man davon leben kann.

Aber zurück zu den Grundprinzipien: Sparen und Investieren. Unabhängig davon, was Sie finanziell erreichen möchten und wo Sie stehen, sind diese beiden Mittel die Grundlage des Vermögensaufbaus. Um diesen zu beschleunigen, können Sie die folgenden drei Parameter beeinflussen:

- *Einkommen erhöhen*
- *Sparrate erhöhen*
- *Investments optimieren*

Auf diese drei Bereiche Sparen, Investieren und Einkommen gehen die folgenden Abschnitte einzeln ein.

Sparen

Leider hat die Finanzindustrie viel unternommen, um dem klassischen Geldsparen einen unmodernen Anstrich zu geben. Uns Konsumenten wird eingeredet, dass wir uns heute alle Wünsche erfüllen lassen können – der Kreditfinanzierung sei Dank. Die Finanzkrise von 2008/2009 wurde ja vor allem dadurch ausgelöst, dass in den USA zu viele nicht kreditwürdige Personen zu hohen Krediten für den Hauskauf überredet wurden und diese irgendwann nicht mehr bezahlen konnten.

Viel Unglück entsteht, wenn gerade junge Personen schon früh Schulden aufbauen. Um Vermögen aufzubauen, sollte man vielmehr früh mit dem Geld sparen anfangen. Eine Summe von 10% ist das Minimum, das man von seinem Gehalt sparen sollte, eher mehr. Natürlich gibt es verschiedene Lebensphasen und Situationen und nicht immer kann man eine konstante Sparrate durchhalten. Aber je disziplinierter und zielstrebiger man das verfolgt, umso schneller und stabiler wächst das eigene Vermögen.

„Live within your means" (lebe nicht über deine Verhältnisse) sagt man im Englischen. Vermögensaufbau ist in nahezu jeder Situation möglich, auch wenn es am Anfang bescheidene Summen sein mögen.

Ich möchte Sie herzlich auffordern, dass Sie sich mit dem Thema Sparen auseinandersetzen und eigene Ziele setzen. Sie haben mit dem Geldmanagementsystem alle Möglichkeiten, um genau zu erkennen, welche Summen Sie in Ihrer Lage sparen können.

Investieren

Eine Warnung gleich am Anfang: Investieren und Anlegen ist ein sehr umfassendes und zum Teil komplexes Thema. Daher ist es wichtig sich ausreichend zu informieren und Gedanken zu machen, gerade wenn es um langfristige Verträge geht. Und trotzdem sollte man dieses Thema nicht zu lange vor sich herschieben. Denken Sie an die Grafiken zum Zinseszins!

Wie schon weiter vorne im Kapitel erläutert, sind Investitionen ein wichtiger Teil des Vermögensaufbaus. Sich mit der Materie zu befassen, ist daher meine dringende Empfehlung. Das Thema ist zu umfassend, um hier im Detail darauf einzugehen.

Unter einer Investition versteht man die Verwendung finanzieller Mittel, um damit neue Geldgewinne zu erzielen. So ungefähr ist es im Lexikon definiert. Nach dieser Definition zählt dazu sowohl das Sparbuch als auch der Kauf einer Wohnung, die dann vermietet wird.

Die üblichen Investitionen kann man in diese zwei Gruppen aufteilen:

- *Sachinvestitionen: Immobilien, Grundstücke, Kunstwerke, Sammelgegenstände u.w.*
- *Finanzinvestitionen: Wertpapiere, Devisen, Beteiligungen u.w.*

Wenn man geringe Summen anlegen möchte, dann stehen nur die Finanzinvestitionen zur Verfügung. Dort kann man bei sehr vielen Anlagen bereits mit sehr geringen Summen einsteigen. Wie Sie bei jedem Blick in eine Kapitalzeitschrift erkennen, gibt es unglaublich viele Anlageprodukte, Wertpapiere, Anbieter und so weiter. Hier ist es ganz vom persönlichen Geschmack abhängig, wie tief man sich in die Materie einarbeitet.

Ich empfehle Ihnen, dass Sie zumindest einen guten Überblick über die grundsätzlichen Investitionsformen gewinnen, um ein tieferes Verständnis für Risiken, Vor- und Nachteile und weitere Faktoren zu erreichen. Selbstverständlich sollten Sie sich dann auch beraten lassen. Bedenken Sie aber, dass Ihnen in Banken und bei vielen Finanzdienstleister keine „Berater" sondern Verkäufer gegenübersitzen. Diese werden dafür bezahlt, dass Sie Ihnen Finanzprodukte verkaufen. Hinterfragen Sie daher alles, unterschreiben Sie nichts spontan und haben Sie immer den Anspruch, die Anlageempfehlung zu verstehen.

Die folgenden Fragestellungen sollten Sie berücksichtigen (nicht alles ist für jede Anlageform zutreffend):

- *Laufzeit*
- *Rendite: wie hoch? Fix oder variabel?*
- *Verfügbarkeit: vorzeitige Kündigung möglich? Mit welchen Folgen?*
- *Risiko: besteht Verlustrisiko? Wenn ja wie hoch? Wie risikobehaftet ist die Renditeerwartung?*
- *Was passiert bei Insolvenz eines Vertragspartners? Wie hoch schätzen Sie das Risiko dafür ein?*
- *-hoch sind die Verwaltungs- und Abschlusskosten?*
- *Gibt es weitere Kosten, die die Rendite verringern?*
- *Worauf bezieht sich die Renditeberechnung (brutto/netto)?*
- *Welche Steuern sind zu beachten?*
- *Nach welchem Recht wird der Vertrag geschlossen (Inland, Ausland)?*
- *Wie gut verstehen Sie die Branche, das Produkt, das Unternehmen?*
- *Gibt es Währungsrisiken zu beachten?*
- *Wie Sie sehen sind das vielfältige Fragestellungen. Aber Sie müssen ja nicht alle Antworten darauf selbst kennen. Genau dafür gibt es schließlich die Berater.*

Ein wichtiges Thema will ich noch kurz ansprechen: Risiko. Viele Menschen scheuen bei Anlage ihres verdienten Geldes jedes Risiko. Und tatsächlich sollten Sie sich eine Meinung dazu bilden. Die Aussicht auf hohe Gewinne hat viele Menschen blind gemacht, sie sind unkalkulierbare Risiken (meistens durch fehlendes Verständnis) eingegangen und haben viel Geld verloren. Auf der anderen Seite ist es genauso ein Risiko, sein Geld nicht anzulegen! Geld verliert durch die Inflation ständig an Wert. Nicht angelegtes Geld ist daher wie eine schlechte Investition, die einen permanenten Wertverlust erleidet.

Jede Investitionsart hat eigene Vor- und Nachteile und natürlich auch Risiken. Es gibt sehr sichere Anlagen, bei denen zum Beispiel die Verzinsung festgeschrieben ist oder zumindest ein Wertverlust ausgeschlossen wird. Aber die Zinsen dieser Anlagen sind eher klein. Grundsätzlich gilt immer: Je höher die Verdienstmöglichkeiten, desto höher das Risiko. Hier die richtige Balance zu finden, ist die große Kunst. Und genau hier kann sich Ihre finanzielle Bildung auszahlen. Am besten schützen Sie sich vor Verlust oder zu mageren Gewinnen, indem Sie sich informieren und die Materie kennen lernen.

Viele Banken und Versicherungen unterscheiden übrigens verschiedene Risikoklassen und werden Sie bei einer Beratung nach Ihren Vorstellungen fragen und einer Risikoklasse zuordnen. Die Risikoklasse 1 steht dabei für das geringste Risiko bis zur Risikoklasse 5 mit sehr hohen Gewinnchancen, aber auch hohem Verlustrisiko.

Investitionen können sehr viel zum Vermögensaufbau beitragen, aber es wurde auch schon sehr viel Kapital durch falsche Investitionsentscheidungen vernichtet. Meistens war dann Unkenntnis, Unvorsicht oder sogar Gier im Spiel. Bleiben Sie daher immer sachlich und treffen Sie Entscheidungen in Ruhe. Die beste Versicherung gegen falsche Entscheidungen ist Ihr eigenes Wissen. Investieren Sie daher vor allem zunächst in Ihren Know-How-Aufbau.

Einkommen steigern

Die dritte „Stellschraube“ in Bezug auf Vermögensaufbau ist das eigene Einkommen. Wenn man dieses steigern kann, kann man mehr sparen und investieren und somit den Vermögensaufbau beschleunigen.

Soweit der einfache Zusammenhang. Natürlich ist es von den persönlichen Umständen abhängig, wie schnell und in welchem Umfang man sein Einkommen steigern kann. Und es hängt davon ab, was man bereit ist dafür zu tun. Wenn man zum Beispiel mit ganzem Herzen ein Tierpfleger ist, dann ist man zwar mit seiner Arbeit glücklich, wird aber mit diesem Beruf kein sehr hohes Gehalt verdienen. Wenn man dann - ohne den Beruf aufzugeben - wesentlich mehr verdienen möchte, muss man kreativ werden.

Man hat den möglichen Erfolg viel mehr in der Hand, als viele sich eingestehen. Nur ist dafür immer persönlicher Einsatz und Fleiß erforderlich. Es gibt auch zu diesem Thema viel Literatur und ich möchte Sie ermutigen, sich auch mit dieser Materie zu befassen. Sie müssen für sich herausfinden, was Sie tun können und zu was Sie bereit sind.

Die größten Einkommen sind sicherlich als Unternehmer möglich. Dies ist aber auch mit dem größten persönlichen Einsatz und Risiko verbunden. Nicht immer muss dies hauptberuflich durchgeführt werden. Der Tierpfleger könnte zum Beispiel nebenberuflich Schulungen und Seminare für Tierbesitzer durchführen oder Tierpflegeartikel über das Internet verkaufen.

Es ist vieles möglich, wenn man zu persönlichem Einsatz bereit ist. Ich möchte hier nicht die Einstellung vertreten, dass man absolut alles für ein höheres Einkommen tun sollte. Ihre Definition von Lebensqualität und Ihre individuelle Zielsetzung spielen eine extrem große Rolle..

Persönliche Ziele

Sie wurden in diesem Kapitel mit Informationen zu Vermögensaufbau, passivem Einkommen, Sparrate, Investments und weiterem konfrontiert. Abhängig von Ihrer Einstellung zu Geld und Ihren finanziellen Zielen, werden Sie anders reagiert haben. Falls Sie nicht ganz meiner Meinung sind, ist das völlig in Ordnung. Dies ist kein wissenschaftliches Lehrbuch und die hier beschriebenen Begriffe werden von vielen Personen sehr unterschiedlich verstanden.

Machen Sie sich bitte Gedanken, ob Sie mir zustimmen. Was bedeutet Vermögensaufbau für Sie?

Wenn man sich über Vermögensaufbau und Sparraten Gedanken macht, dann kann man das nur in Zusammenhang mit den finanziellen Zielen tun. Denn erst mit einem Ziel bekommt der Weg einen Sinn. Was also sind Ihre Ziele?

Was planen Sie konkret für den Vermögensaufbau zu tun?

Workbook-Aufgabe 19:

Ich hoffe, ich konnte Sie motivieren, sich mit dem Thema Vermögensaufbau zu befassen. Werden Sie doch gleich konkret: Schreiben Sie in Ihr Workbook, was Sie als nächstes zu diesem Thema tun möchten.

Das Kapitel auf einen Blick:

- *Um Vermögen aufzubauen, spielt nicht nur die Höhe des Einkommens eine Rolle.*
- *Der grundsätzliche Ablauf ist immer: Geld verdienen => Geld sparen => Geld investieren.*
- *In allen drei Bereichen kann man an einer Optimierung arbeiten.*
- *Langjährige Verzinsung - insbesondere durch Wiederanlage der Zinsen - kann aus bescheidenen Anfängen ein großes Vermögen machen.*
- *Risiko und Gewinnchancen müssen gegeneinander abgewogen werden. Es wurden wichtige Fragestellungen bzgl. jeder Investitionsentscheidung aufgeführt.*

TEIL 4

14 HERZLICHEN GLÜCKWUNSCH

Sie haben es geschafft und sich intensiv mit Ihrem Geld befasst. Vielleicht haben Sie sogar schon eine neue Gewohnheit entwickelt. Falls Sie noch dabei sind, bleiben Sie dran! Lassen Sie es nicht zu, dass der Alltag alles wieder vergessen lässt.

Wie Sie gesehen haben, reichen einfache und übersichtliche Schritte aus, um Ihr Geld zu kontrollieren. Sie haben sicherlich bei der Durcharbeit des Buches einiges über sich und Ihre Einstellung zu Geld gelernt. Wenn Sie Ihre Finanzen weiterhin regelmäßig überwachen, wird sich Ihr Verhältnis zu Geld nachhaltig verbessern. Sie können nun ganz einfach Vorhaben, wie zum Beispiel 10% Ihrer Einnahmen zu sparen, umsetzen. Sie haben ja die Kontrolle und Übersicht!

Die finanziellen Risiken der heute im Berufsleben stehenden Generationen sind größer als noch vor 20 oder 40 Jahren. Man kann sich nicht mehr darauf verlassen, dass Unternehmen und Staat einen umfangreich versorgen. Nutzen Sie daher die Kontrolle über Ihr Geld, um Rücklagen zu bilden und auf unerwartete Änderungen vorbereitet zu sein. Solche finanziellen Rücklagen geben einem viel Sicherheit und Entscheidungsfreiheit.

Im Kapitel 15 finden Sie eine kompakte Zusammenfassung dieses Themas. Diese Zusammenfassung können Sie als Referenz nutzen, wenn Sie mit den Tools arbeiten.

Ich hoffe sehr, dass Ihnen die Informationen in diesem Buch geholfen haben. Bitte schreiben Sie mir Ihre Meinung, Ihre Erfahrungen und Verbesserungsvorschläge. Schicken Sie mir einfach eine E-Mail an *norbert@erfolg-mit-geld.de*. Ich freue mich über jede Rückmeldung.

Auf Ihre erfolgreiche finanzielle Zukunft!
Herzliche Grüße

Ihr *Norbert D. Frank*

PS: Bitte helfen Sie mir und anderen Lesern, indem Sie das Buch auf Amazon bewerten. Vielen Dank!

15 DER MEHR-VOM-GELD-PROZESS IM KURZÜBERBLICK

Hier finden Sie den Mehr-vom-Geld-Prozess im Kurzüberblick mit Bezug auf die Mehr-vom-Geld-Tools. Wenn Sie die Tools nicht einsetzen, beziehen Sie diese Informationen einfach auf Ihre eigene Software.

1. Erfassen

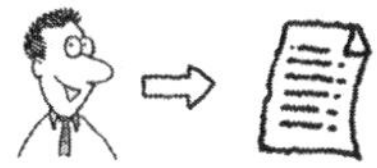

- ***Wann:*** *täglich*
- ***Was:*** *Erfassung aller selbst getätigter Einnahmen und Ausgaben*
- ***Methoden:*** *wählen Sie eine Methode aus Kapitel 6 für Ihre tägliche Erfassung. Wenn Sie auf Papier erfassen wollen, dann drucken Sie sich Ihre Erfassungsvorlage aus dem Geldjournal aus.*
- ***Ablauf:*** *Tägliche Erfassung von allen aktiven Zahlungsvorgängen.*

<u>*Das sind:*</u>

- ❑ *Barzahlungen (auch Einnahmen)*

  Barzahlungen müssen immer komplett notiert werden. Dazu zählen auch Bareinnahmen und die Verwendung eines Geldchips auf der EC-Karte.

- ❑ *Kartenzahlungen*

  Kartenzahlungen können dann weggelassen werden, wenn sie anhand eines Kontoauszugs später eindeutig zuzuordnen sind.

- ❑ *Überweisungen*

  Überweisungen können dann weggelassen werden, wenn sie anhand eines Kontoauszugs später eindeutig zuzuordnen sind.

  Bei jeder Erfassung ist Folgendes zu notieren:

  - ✓ *Datum*
  - ✓ *Kategorie*
  - ✓ *Betrag*
  - ✓ *Notiz*
  - ✓ *Zahlungsmittel*

- ***Regeln:***

  - ❑ *Notieren Sie keine „Umbuchungen“. Umbuchungen sind Geldbewegungen zwischen Ihren Zahlungsmitteln, z.B. Bargeldabhebungen, Aufladen der Geldkarte, Überweisungen von einem Ihrer Konten auf ein anderes eigenes Konto. Dabei handelt es sich weder um Ausgaben noch um Einnahmen. Das Geld bleibt in Ihrem Besitz und daher wird nichts erfasst.*

  - ❑ *Behandeln Sie den Geldchip auf der EC-Karte oder andere aufladbare Geldkarten (wie viele Kantinen sie einsetzen) wie Bargeld.*

  - ❑ *Notieren Sie die Ausgabe sofort, auch wenn Sie erst später vom Konto abgebucht wird. Die Ausgabe ist getätigt und wird daher erfasst. Ausnahme: Sie nutzen ganz bewusst eine Kreditkarte, um einen Kredit zu erhalten und erst wesentlich später zu bezahlen.*

❑ *Ratenzahlungen/Kredite: Wenn Sie einen Ratenkauf machen oder einen Kredit aufnehmen (ob über die Kreditkarte oder auf anderem Weg, ist unwichtig), dann erfassen Sie nur die aktuellen Kosten (z.B. eine Anzahlung). Die ausstehende Summe gehört dann als Verbindlichkeit in Ihre Vermögensübersicht und ggf. ein Ratenvertrag in die Vertragsübersicht (Details dazu in Kapitel 7).*

2. Aktualisieren

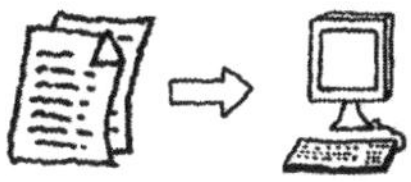

- ***Wann:*** *wöchentlich*
- ***Was:*** *Aktualisierung des Geldjournals mit allen erfassten Vorgängen und Aktivitäten von den Konten.*
- ***Ablauf:*** *Im Aktualisierungsschritt geht es darum, das Geldjournal auf den neuesten Stand zu bringen. Dazu müssen die vorerfassten Daten und die Kontoauszüge in das Geldjournal übernommen werden. Die Ausgangslage ist:*

  Nun geht es darum, die vorerfassten Daten und die neuen Kontobewegungen in das Geldjournal zu übertragen:

  Gehen Sie dann folgendermaßen vor:

  1. *Nehmen Sie alle vorerfassten Daten zur Hand und übertragen Sie die erfassten Ausgaben (und ggf. Einnahmen) in die zugehörige Kategorie Ihres Geldjournals zum Datum der Ausgabe.*
     Falls Sie Notizen gemacht haben, so überlegen Sie, ob Sie diese ebenfalls übertragen möchten. Ich empfehle Ihnen jedoch, diese zusätzliche Eintragung nicht vorzunehmen.

Das Geldjournal ist eine kompakte tabellarische Übersicht und dort ist normalerweise kein Platz für Notizen. Bei Bedarf heben Sie die vorerfassten Daten inklusive der Notizen einfach auf.
Kennzeichnen Sie anschließend Ihre vorerfassten Daten, damit Sie später leicht erkennen, dass diese bereits übertragen wurden.

2. *Nehmen Sie sich anschließend die Auszüge aller Konten zur Hand.*
   Prüfen Sie für jede Kontobewegung seit der letzten Aktualisierung, ob Sie schon im Geldjournal vorhanden ist. Da die Kontoabbuchung nicht am selben Tag mit der Ausgabe auftritt, muss man hier etwas genauer schauen.
   Übertragen Sie alle Kontobewegungen, die noch nicht in Schritt 1 berücksichtigt wurden, in das Geldjournal.
   ACHTUNG: Überspringen Sie alle Geldabhebungen und „interne Umbuchungen" – also Überweisungen von einem Ihrer Konten zu einem anderen. Darunter fällt auch die Abbuchung einer monatlichen Summe der Kreditkarte vom Girokonto. Die Kreditkartenzahlungen wurden ja einzeln am Tag des Kreditkarteneinsatzes erfasst.

3. *Zum Abschluss notieren Sie, welches die aktuellste Übertragung vom Kontoauszug ist. Dann haben Sie es in einer Woche leichter, an dieser Stelle anzuknüpfen. Im Mehr-vom-Geld-Geldjournal ist dafür auf der Startseite Platz vorgesehen.*

3. Entscheiden

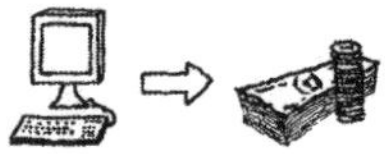

- ***Wann:*** *monatlich*
- ***Was:****Aktualisierung von Vermögensübersicht und Vertragstabelle, Analyse der Finanzsituation und Entscheidung über Anpassungen, Budgets und Ähnliches.*

- *Ablauf:*

    1. *Aktualisierung der Vermögensübersicht:*

        - *Wenn Sie die Werte des letzten Monats behalten möchten, sichern Sie sich die Datei vor der Aktualisierung.*
        - *Überprüfen Sie, ob noch alle Positionen gültig sind. Haben Sie ggf. ein neues Konto eröffnet oder ein Investment getätigt? Löschen Sie nicht mehr benötigte Informationen und fügen Sie neue hinzu.*
        - *Sie je Position den aktuellen Wert ein.*
        - *Schauen Sie sich das Ergebnis in der Gesamtübersicht an.*
        - *Sie das Aktualisierungsdatum auf der Startseite ein.*

    2. *Aktualisierung der Vertragstabelle:*

        - *Notieren: Erfassen Sie alle neuen Verträge im Mehr-vom-Geld-Vertragstool. Nutzen Sie Kategorien, um diese zu gruppieren. Löschen Sie gekündigte Verträge aus der Übersicht.*
        - *Überprüfen: Schauen Sie die einzelnen Verträge an und überprüfen Sie die Kategorien. Entscheiden Sie, an welchen Stellen Handlungsbedarf besteht.*
        - *Reagieren: Kündigen Sie unnütze Verträge und erkundigen Sie sich bei teuren Verträgen nach günstigeren Alternativen. Setzen Sie in der Vertragstabelle einen Hinweis auf Aktivitäten in späteren Monaten.*
        - *Aktivitäten überprüfen: Schauen Sie, ob im kommenden Monat Aktivitäten anstehen. Nehmen Sie diese Aktivitäten ggf. in Ihre ToDo-Planung des aktuellen Monats auf.*

- *Tragen Sie das Aktualisierungsdatum auf der Startseite ein.*

3. *Analyse der Vermögensübersicht, Vertragstabelle und des Geldjournals: Überprüfen und Analysieren Sie nach Ihren eigenen Kriterien, was sich getan hat und ob Sie mit der Entwicklung zufrieden sind.*
4. *Festlegung von Finanzaktivitäten und Terminplanung: Entscheiden Sie über Anpassungen, Budgets, Vertragskündigungen und was Sie sonst noch im Bereich Ihrer Finanzen unternehmen möchten und übernehmen Sie dies in Ihre Terminplanung.*
5. *Feiern Sie! Sie haben es sich verdient, denn Sie haben wieder viel für Ihre erfolgreiche finanzielle Zukunft getan!*

16 DOWNLOAD DES WORKBOOKS UND DER TOOLS

Das zum Buch gehörige Workbook und die Mehr-vom-Geld-Tools können Sie auf der folgenden Seite herunterladen:

http://www.erfolg-mit-geld.de/amazonkindle/mvgaddons

Wenn Sie Fragen haben oder etwas nicht funktioniert, können Sie über diese Seite eine Nachricht an mich senden:
*http://www.erfolg-mit-geld.de/*kontakt

2522623R00105

Printed in Germany
by Amazon Distribution
GmbH, Leipzig